AF175674

ቤት-ትምህርቲ - школа — 2
መገሻ - падарожжа — 5
መጓዓዝያ - транспарт — 8
ከተማ - горад — 10
ስእሊ መሬት - краявід — 14
ቤት-መግቢ - рэстаран — 17
ሱፐርማርኬት - супермаркет — 20
መስተ - напоі — 22
መግቢ - ежа — 23
ቤት ሕርሻ - сядзіба — 27
ገዛ - дом — 31
ክፍሊ ምቕማጥ - жылы пакой — 33
ክሽነ - кухня — 35
ክፍሊ ባንዮ - ванная — 38
ክፍሊ ቆልዑ - дзіцячы пакой — 42
ክዳን - адзенне — 44
ቤት ጽሕፈት - офіс — 49
ቁጠባ - эканоміка — 51
ሞያታት - прафесіі — 53
ናውቲ - інструменты — 56
መሳርሒ ሙዚቃ - музычныя інструменты — 57
መካን እንስሳታት - заапарк — 59
ስፖርት - спорт — 62
ንጥፈታት - дзейнасць — 63
ስድራቤት - сям'я — 67
አካላት - цела — 68
ሆስፒታል - шпіталь — 72
ህጹጽ ኩነት - экстраная дапамога — 76
ምድሪ - Зямля — 77
ሰዓት - гадзіннік — 79
ሰሙን - тыдзень — 80
ዓመት - год — 81
ቅርጻታት - формы — 83
ሕብርታት - колеры — 84
አንጸራት - супрацьлегласці — 85
ቁጽርታት - лічбы — 88
ቋንቋታት - мовы — 90
መን / እንታይ / ከመይ - хто / што / як — 91
አበይ - дзе — 92

Impressum
Verlag: BABADADA GmbH, Nedderfeld 112 , 22529 Hamburg
Geschäftsführer / Verlagsleitung: Harald Hof
Druck: Books on Demand GmbH, In de Tarpen 42, 22848 Norderstedt

Imprint
Publisher: BABADADA GmbH, Nedderfeld 112 , 22529 Hamburg, Germany
Managing Director / Publishing direction: Harald Hof
Print: Books on Demand GmbH, In de Tarpen 42, 22848 Norderstedt, Germany

ቤት-ትምህርቲ

школа

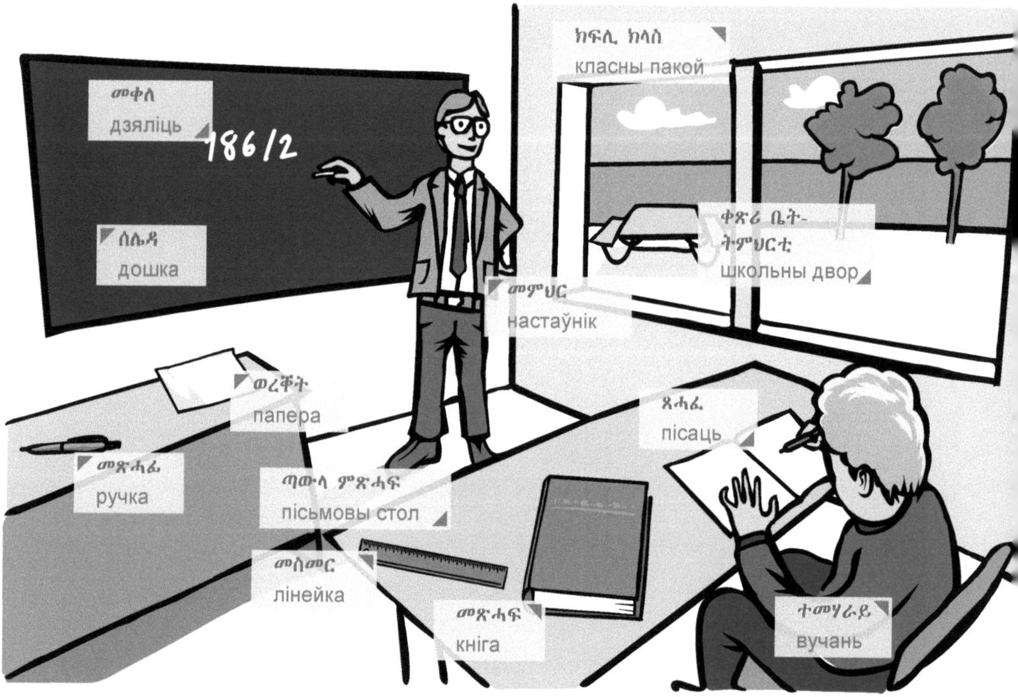

ክፍሊ ክላስ
класны пакой
መቀለ
дзяліць
186/2
ሰሌዳ
дошка
ቀጽሪ ቤት-ትምህርቲ
школьны двор
መምህር
настаўнік
ወረቐት
папера
ጸሓፊ
пісаць
መጽሓፊ
ручка
ጣውላ ምጽሓፍ
пісьмовы стол
መስመር
лінейка
መጽሓፍ
кніга
ተመሃራይ
вучань

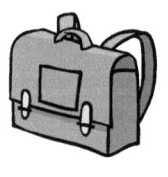

ሳንጣ ትምህርቲ

ранец

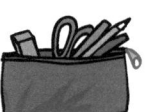

ሰፈር ብርዒ

пенал

ርሳስ

просты аловак

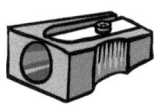

መብልሒ ርሳስ

тачылка для алоўкаў

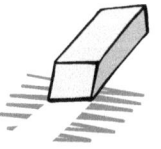

መደምሰሲ

гумка

ጥራዝ ስእሊ

альбом для малявання

ስእሊ
....
малюнак

ብርዒ ቀለም
....
пэндзлік

ቦክስ ቀለም
....
фарбы

መቐስ
....
нажніцы

መጣበቒ
....
клей

ጥራዝ መላመዴ
....
сшытак

ዕዮ ገዛ
....
хатняе заданне

12

ቁጽሪ
....
лік

2+2

መስኺ
....
дадаваць

5-2

ጎደለ
....
адымаць

2×2

ረብሐ
....
множыць

ደመረ
....
лічыць

A

ፊደል
....
літара

ABCDEFG HIJKLMN OPQRSTU VWXYZ

ስርዓት ፊደላት
....
алфавіт

ቃል
....
слова

ጽሑፍ
....
тэкст

አንበበ
....
чытаць

ኩርሽ
....
крэйда

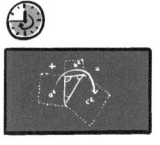

ሰዓት
....
ўрок

መዝገብ ክላስ
....
класны журнал

መርመራ
....
экзамен

ሰርቲፊከት
....
атэстат

ድቢዛ ቤትትምህርቲ
....
школьная форма

ትምህርቲ
....
адукацыя

ለክሲኮን
....
энцыклапедыя

ዩኒቨርሲቲ
....
універсітэт

ማይክሮስኮፕ
....
мікраскоп

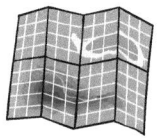

ካርታ
....
карта

ጎሓፍ ወረቐት
....
смеццевы кошык

падарожжа

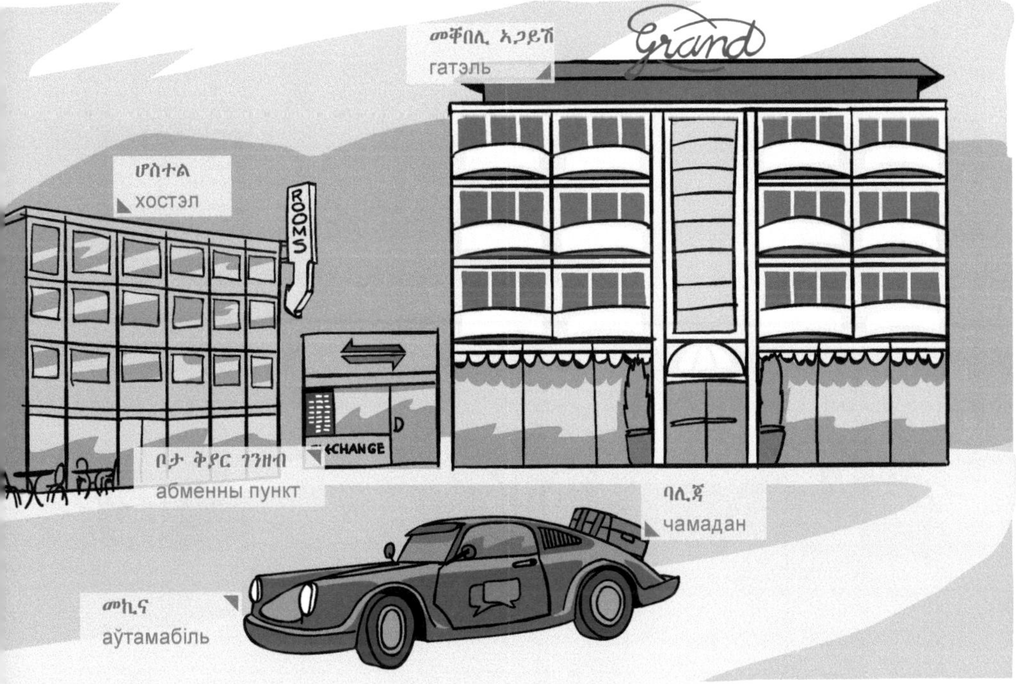

Grand
መቐበሊ ኣጋይሽ
гатэль
ሆስተል
хостэл
ROOMS
ቦታ ቅያር ገንዘብ
абменны пункт
ባሊጃ
чамадан
መኪና
аўтамабіль

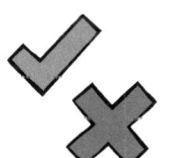

ቋንቋ

мова

እወ / ኖ

так / не

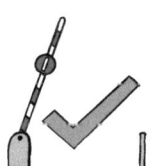

ሕራይ

добра

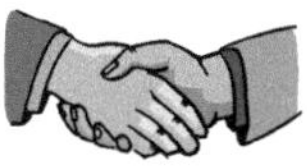

ሰላም

прывітанне!

ኣስተርጓሚ

перакладчык

የቐንየለይ

дзякуй

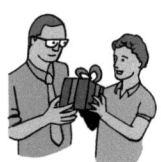

. . . ከንደይ ዋግኡ?

Колькі каштуе....?

አይተረድአኹን

я не разумею

ሽግር

праблема

ሰላም ምሸት!

Добры вечар!

ከመይ ሓዲርካ

Добрай раніцы!

ሰላም ለይቲ

Дабранач!

ደሓን ኩን

да пабачэння

አንፈት

кірунак

ጉዓዝ

багаж

ሳንጣ

сумка

ሳንጣ ሕቖ

заплечнік

ጋሻ

госць

ክፍሊ

пакой

ክሻ መደቀሲ

спальны мяшок

ቴንዳ

палатка

ሓበሬታ በጻሕቲ ሃገር

фармацыя для турыстаў

ገምገም ባሕሪ

пляж

ክሬዲት ካርድ

крэдытная картка

ቁርሲ

снеданне

ምሳሕ

абед

ድራር

вячэра

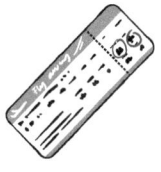

ቲከት

праязны білет

ሊፍት

ліфт

ማሕተም ደብዳበ

паштовая марка

ዶብ

мяжа

ድንና

мытня

ኣምበሲ

пасольства

ቪዛ

віза

ፓስፖርት

пашпарт

መገሻ - падарожжа

መጓዓዝያ

транспарт

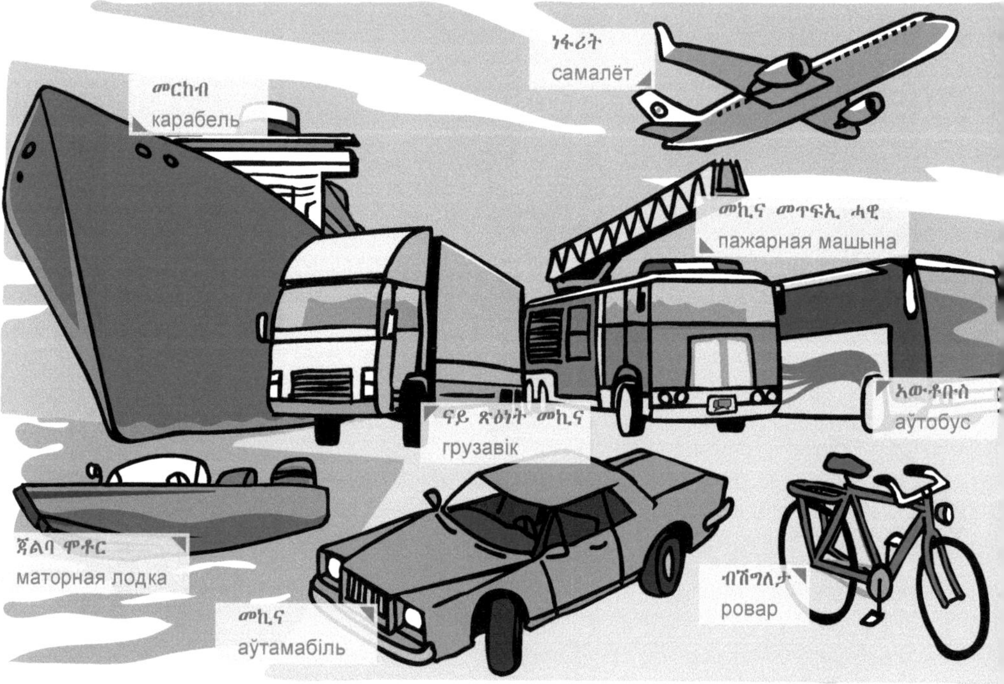

ነፋሪት
самалёт
መርከብ
карабель
መኪና መጥፍኢ ሓዊ
пажарная машына
ኣውቶቡስ
аўтобус
ናይ ጽዕነት መኪና
грузавік
ጀልባ ሞቶር
маторная лодка
መኪና
аўтамабіль
ብሽግለታ
ровар

ፈሪ

паром

ጀልባ

лодка

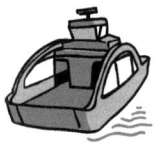

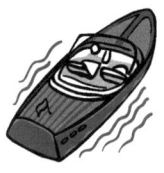

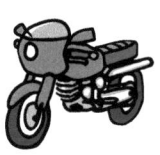

ሞቶ

матацыкл

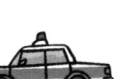

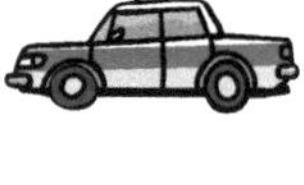

መኪና ፖሊስ

паліцэйская машына

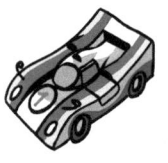

መኪና ቅድድም

гоначны аўтамабіль

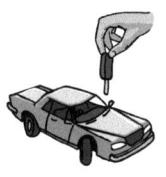

ክራይ መኪና

арэндаваны аўтамабіль

ምውፋይ መካይን

──────────

сумеснае карыстанне аўтамабілем

መወሰዲ መኪና

──────────

эвакуатар

መኪና ጎሓፍ

──────────

смеццявоз

ሞቶር

──────────

матор

ነዳዲ

──────────

паліва

እንዳ ነዳዲ

──────────

запраўка

ምልክት ትራፊክ

──────────

дарожны знак

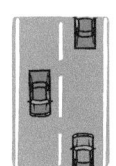

ትራፊክ

──────────

дарожны рух

ምጭቃጨቅ ትራፊክ

──────────

затор

መዐሸጊ መኪና

──────────

паркоўка

መዕረፊ ባቡር

──────────

чыгуначная станцыя

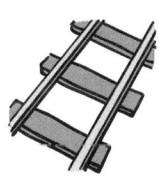

ሓዲግ

──────────

рэйкі

ባቡር

──────────

цягнік

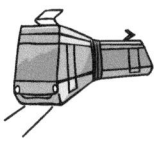

ትረም

──────────

трамвай

ባጎኒ

──────────

вагон

ሄሊኮፕተር

верталёт

መዓረፍ ነፈርቲ

аэрапорт

ታወር

вежа

ተጓዓዚ

пасажыр

ኮንተይነር

кантэйнер

ሳንዱቕ ካርቶን

кардонная скрыня

ኮርሳ ጽዕነት

тачка

ዘንቢል

карзіна

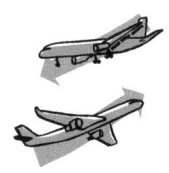

ተበገሰ / ዓለበ

ўзлятаць / прызямляцца

ከተማ

горад

ቀሺት

вёска

ማእከል ከተማ

цэнтр горада

ገዛ

дом

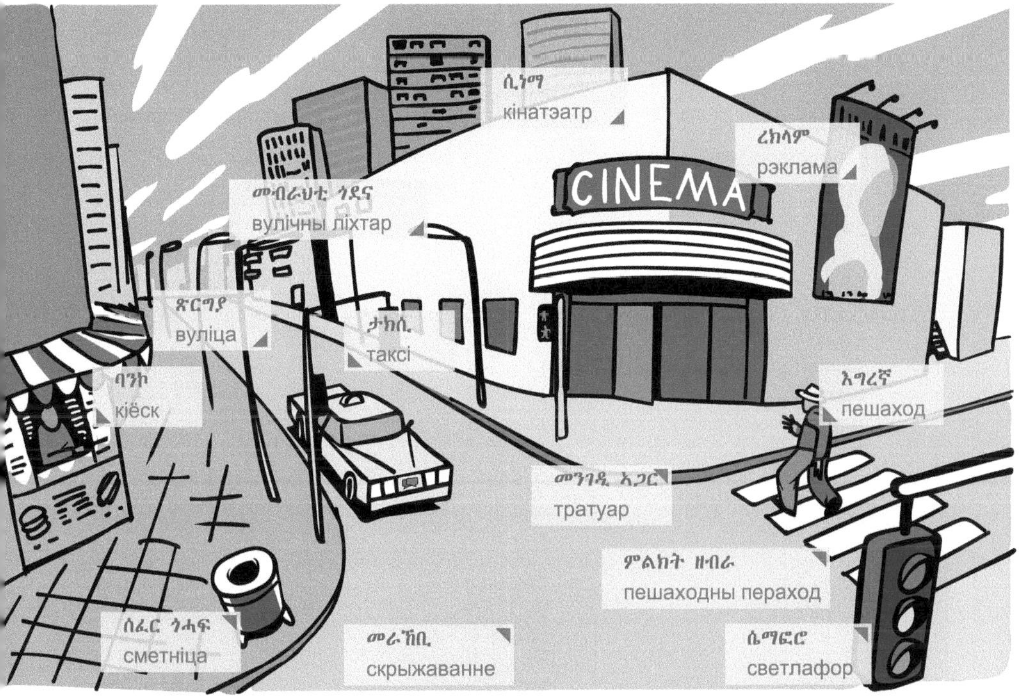

ሲነማ
кінатэатр

ረክላም
рэклама

መብራህቲ ጎደና
вулічны ліхтар

ጽርግያ
вуліца

ታክሲ
таксі

ባንኮ
кіёск

እግረኛ
пешаход

መንገዲ ኣገር
тратуар

ምልከት ዘብራ
пешаходны пераход

ሰፈር ጎሓፍ
сметніца

መራኸቢ
скрыжаванне

ሴማፎሮ
светлафор

አጉዶ

халупа

ኣፓርትመንት

кватэра

መዕረፊ ባቡር

чыгуначная станцыя

ቤት ምምሕዳር

ратуша

ቤተ መዘክር

музей

ቤት-ትምህርቲ

школа

ዩኒቨርሲቲ

універсітэт

ባንክ

банк

ሆስፒታል

шпіталь

መቆበሊ አጋይሽ

гатэль

ቤት መድሃኒት

аптэка

ቤት ጽሕፈት

офіс

ዱኳን መጽሓፍቲ

кнігарня

ዱኳን

крама

ዱኳን ዕንባባ

кветкавая крама

ሱፐርማርክት

супермаркет

ዕዳጋ

кірмаш

ሹቅ

універмаг

ነጋዳይ ዓሳ

рыбная крама

ሹቅ

гандлевы цэнтр

መርሳ

порт

መዘናግዒ
....
парк

ባንኪ
....
лава

ድልድል
....
мост

መደያይቦ
....
лесвіца

ባቡር ትሕቲ ምድሪ
....
метро

ቢንቶ
....
тунэль

መዕረፊ ኣውቶቡስ
....
прыпынак

ቤት መስተ
....
бар

ቤት-መግቢ
....
рэстаран

ስታሪት
....
паштовая скрыня

ታቤላ
....
вулічны паказальнік

ሰዓት ፓርኪንግ
....
паркамат

መካነ እንስሳታት
....
заапарк

መሓምበሲ
....
басейн

መስጊድ
....
мячэць

ቤት ሕርሻ

сядзіба

ብከላ

забруджванне навакольнага асяроддзя

መቃብር

могілкі

ቤተክርስትያን

царква

ቦታ ምጽዋት

пляцоўка для гульні

ቤት መቅደስ

храм

ስእሊ መሬት

краявід

ኣቝጻልቲ
ліст

መሕበሪ መገዲ
паказальнік

መገዲ
дарога

ሜዳ
луг

ከብላሊ
падарожнік

እምኒ
камень

ኣግራብ
дрэва

ፈለግ
рака

ሳዕሪ
трава

ዕንባባ
кветка

ስንጭሮ
....
даліна

ጎቦ
....
гара

ቀላይ
....
возера

ዱር
....
лес

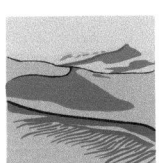

ምድረ በዳ
....
пустыня

እሳተ-ጎመራ
....
вулкан

ግምቢ.
....
замак

ቀስተ-ደመና
....
вясёлка

ቃንጥሻ
....
грыб

ዓርኮብኮባይ
....
пальма

ጣንጡ
....
камар

ሃመማ
....
муха

ጻጻ
....
мурашка

ንህቢ.
....
пчала

ሳሬት
....
павук

ሕንዚዝ

жук

ዕንቅርያብ

жаба

ምጽጹላይ

вавёрка

ቅንፍዝ

вожык

ማንቲለ

заяц

ጉንጎ

сава

ጭሩ

птушка

ስዋን

лебедзь

መፍለስ

дзік

ዓጋዘን

алень

ሙስ

лось

ግድብ

плаціна

ተርባይን ንፋስ

вятрак

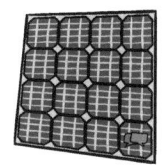

ሶላር ስርሓት

сонечная батарэя

ኩነታት ኣየር

клімат

ቤት-መግቢ

рэстаран

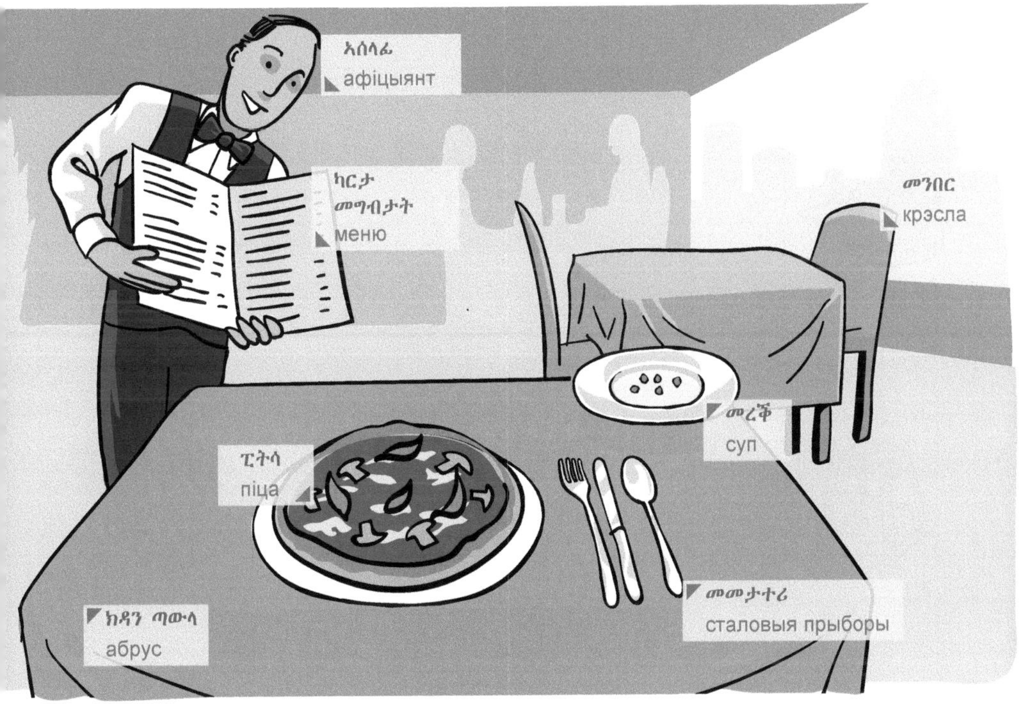

ኣሰላፊ
афіцыянт
ካርታ
መግብታት
меню
መንበር
крэсла
መረቕ
суп
ፒትሳ
піца
መመታትሪ
сталовыя прыборы
ክዳን ጣውላ
абрус

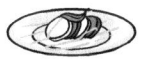

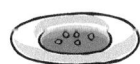

ቅድመ ቀንዲ መግቢ

....

закуска

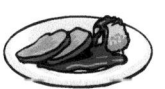

ቀንዲ መኣዲ

....

другая страва

ድሕረ መግቢ

....

дэсерт

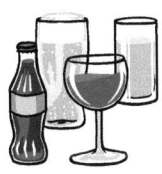

መስተ

....

напоі

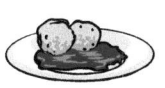

መግቢ

....

ежа

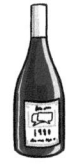

ጥርሙዝ

....

бутэлька

ስሉጥ መግቢ
....
хуткае харчаванне (фаст-фуд)

መግቢ ጽርግያ
....
стрыт-фуд

ብርጭቆ ሻሂ
....
імбрык (чайнік)

ታኒካ ሽኮር
....
цукарніца

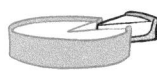

ክፋል
....
порцыя

ማሺን ኤስፕረሶ
....
эспрэса-машына

ነዊሕ መንበር
....
дзіцячае крэселка

ጻብጻብ
....
рахунак

ታብለት
....
паднос

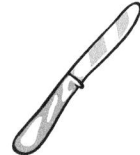

ካራ
....
нож

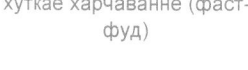

ፋርከታ
....
відэлец

ማንካ
....
лыжка

ማንኪ ሻሂ
....
чайная лыжка

ሰርቭየተ
....
сурвэтка

ብኬሪ
....
шклянка

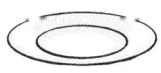

ሸሓኒ
....
талерка

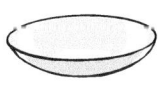

ሸሓኒ መረቕ
....
супавая талерка

ትሕቲ ኩባያ
....
сподак

ጸብሒ
....
соус

ወሃቢ ጨው
....
сальніца

መጥሓን በርበረ
....
млынок для перцу

ኣቾቶ
....
воцат

ዘይቲ
....
алей

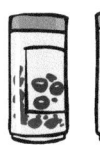

ቀመም
....
спецыі

ከቹፕ
....
кетчуп

ኣድሪ
....
гарчыца

ማዮነዝ
....
маянэз

ሱፐርማርከት

супермаркет

ወፈያ
акцыя
FOR
ዓሚል
пакупнік
ፍርያታት ጸባ
малочныя прадукты
ፍረታት
садавіна
ሰረገላ ዱኳን
вазок

BUTCHERS

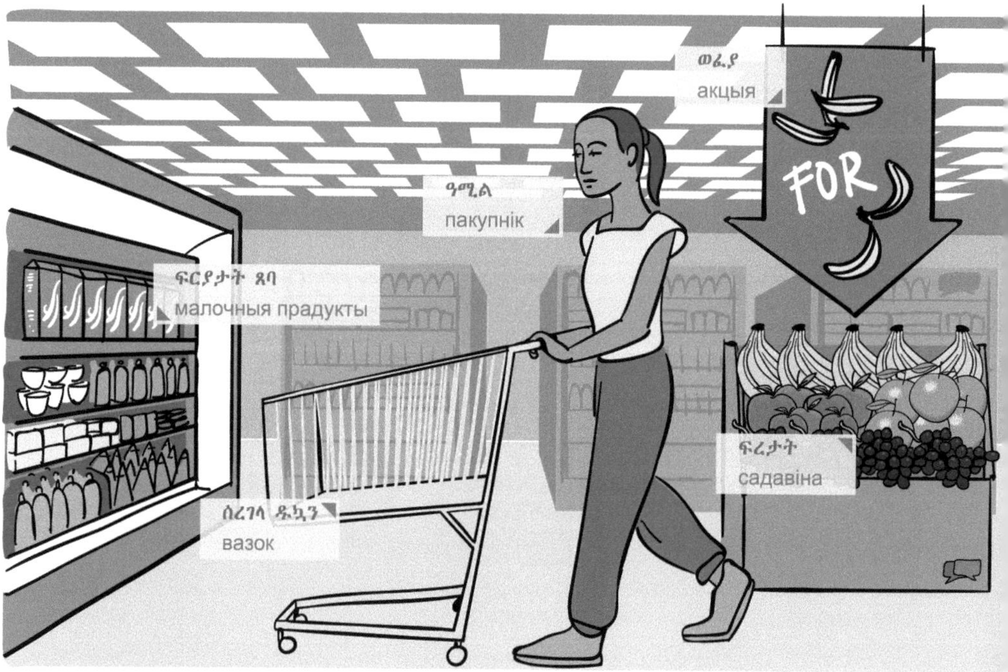

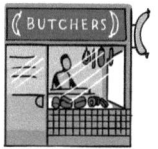

እንዳ ስጋ

мясная крама

BAKERY

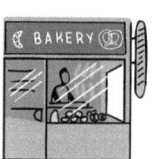

እንዳ ባኒ

хлебны магазін

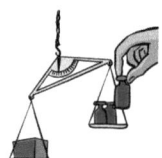

ክብደት

важыць

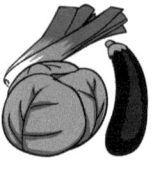

ኣሕምልቲ

гароднiна

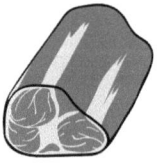

ስጋ

мяса

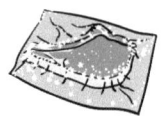

መግቢ ፍሪጅ በረድ

свежазамарожаныя прадукты

ዝሑል ቅሩብ መግቢ.
....
нарэзка

እስቃጥላ
....
кансервы

አሞ
....
пральны парашок

ምቁር መግቢ.
....
прысмакі

ዘቤታውያን አቕሑ
....
хатнія прылады

ናውቲ መጸረዪ.
....
чысцячы сродак

ሸቃጣይ
....
прадавец

ካሳ
....
каса

ተሓዝ ገንዘብ
....
касір

ዝርዝር ምግዛእ
....
спіс пакупак

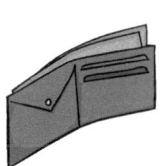

ክፉት ሰዓታት
....
гадзіны працы

ማሕፉዳ
....
бумажнік

ክረዲት ካርድ
....
крэдытная картка

ሳንጣ
....
сумка

ፌስታል
....
пакет

ማይ

вада

ጽማቝ

сок

ጸባ

малако

ኮላ

кола

ነቢት

віно

ቢራ

піва

አልኮል

алкаголь

ካካው

какава

ሻሂ

гарбата (чай)

ቡን

кава

ኤስፕረሶ

эспрэса

ካፑቺኖ

капучына

ባናና

банан

ቱፋሕ

яблык

አራንሺ

апельсін

ብርጭቆ

дыня

ለሚን

лімон

ካሮት

морква

ጸዕዳ ሽጉርቲ

часнок

ባምቡስ

бамбук

ሽጉርቲ

цыбуля

ቅንጥሻ

грыб

ፉል

арэхі

ፓስታ

локшына

ስፓጌቲ

спагеці

ሩዝ

рыс

ሰላጣ

салата

ቅልዋ ድንሽ

бульба фры

ቅሉው ድንሽ

смажаная бульба

ፒትሳ

піца

ሃምቡርገር

гамбургер

ፓኒኖ

бутэрброд

ቢስተካ

шніцаль

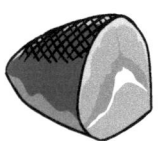

ሰለፍ ሓሰማ

вяндліна

ሳላሚ

салямі

ግዕዝም

каўбаса

ደርሆ

курыца

ቀለወ

смажаніна

ዓሳ

рыбак

ገዓት

аўсяныя камякі

ሙስሊ

мюслі

ኮርንፍለይክስ

кукурузныя шматкі

ሐርጭ

мука

ክሮሶን

круасан

ባኒ

булачка

ባኒ

хлеб

ቶስት

тост

ብሽኩቲ

пячэнне

ጠስሚ

масла

ርጎኦ

тварог

ፓስተ

пірог

እንቋቍሐ

яйка

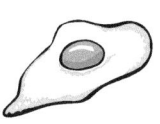

ቅሉው እንቋቍሐ

яечня

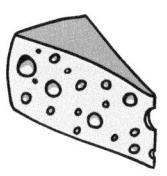

ፋርማጆ

сыр

አይስ ክሪም
....
марожанае

ሽኮር
....
цукар

መዓር
....
мёд

ጃም
....
варэнне

ኑጋት-ክሪም
....
нуга

ኩሪ
....
кары

ቤት ሕርሻ
сядзіба

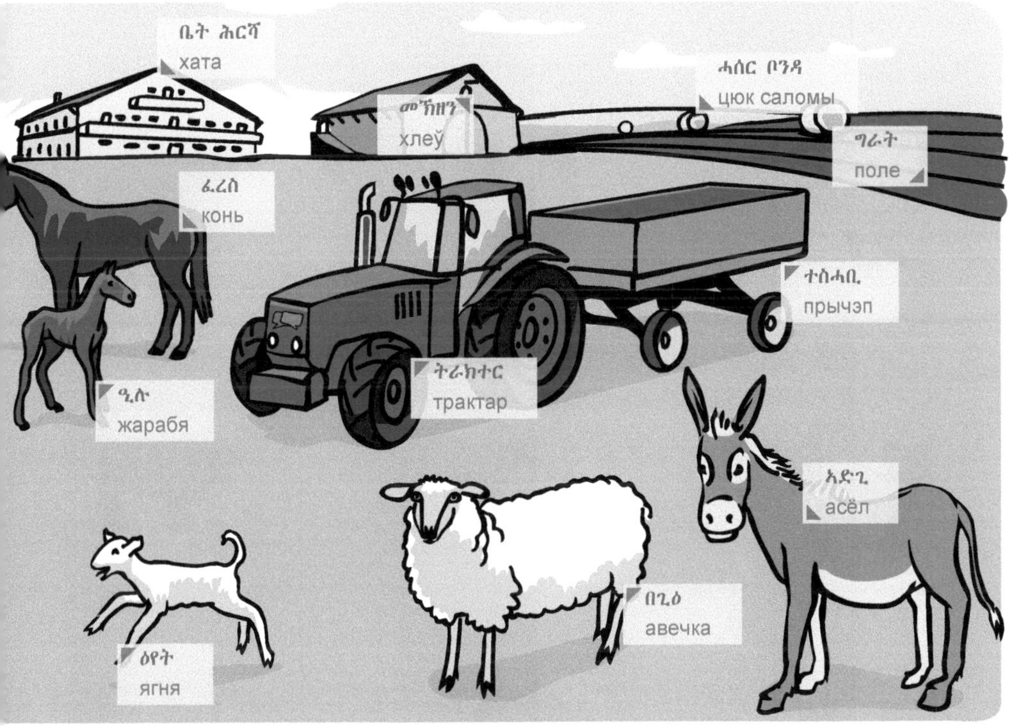
ቤት ሕርሻ
хата
መኽዘን
хлеў
ሓሰር ቦንዳ
цюк саломы
ግራት
поле
ፈረስ
конь
ተስሓቢ
прычэп
ትራክተር
трактар
ዒሉ
жарабя
ኣድጊ
асёл
በጊዕ
авечка
ዕየት
ягня

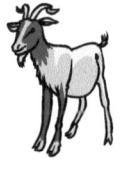

ጤል

каза

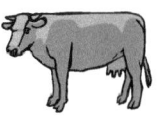

ብዕራይ

карова

ምራኽ

цяля

ሓሰማ

свіння

ውላድ ሓሰማ

парася

ኣርሓ

бык

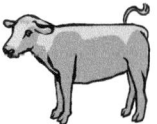

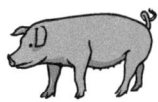

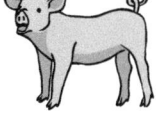

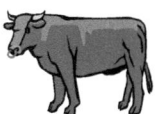

ዓሳ

гусак

ማይ ደርሆ

качка

ጫቝሊት

кураня

ደርሆ

курыца

ኣርሓ ደርሆ

певень

ኣንጮዋ ዓባይ

пацук

ድሙ

кот

ኣንጮዋ

мыш

ብዕራይ

вол

ከልቢ

сабака

ኣጉዶ ከልቢ

сабачая будка

ቱቦ ጀርዲን

садовы шланг

መዝሊ ማይ

палівачка

ዓቢ ማዕጺድ

каса

ማሕረሻ

плуг

ማዕጺድ
....
серп

ጦኺር
....
матыка

መስአ
....
вілы для гною

ፋስ
....
сякера

ዓረብያ ኢ.ድ
....
тачка

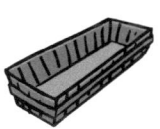

ጋብላ
....
карыта

ብርጮቆ ጸባ
....
бітон для малака

ክሻ
....
мех

ሓጹC
....
плот

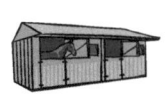

መንስስ
....
хлеў

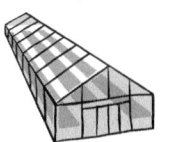

ቆጠልያ ገዛ
....
цяпліца

ባይታ
....
глеба

ዘርኢ
....
насенне

ድኹዒ
....
угнаенне

ዘጣምር ቀውዓይ
....
камбайн

ቀውሶ
....
збіраць ураджай

ጻጋ
....
ураджай

ድንሽ ያም
....
ямс

ስርናይ
....
пшаніца

ሶያ
....
соя

ድንሽ
....
бульба

ዕፉን
....
кукуруза

ራፕስ
....
рапс

ገረብ ፍረታት
....
садовае дрэва

ማኒኦክ
....
маніёк

አእኻል
....
збожжа

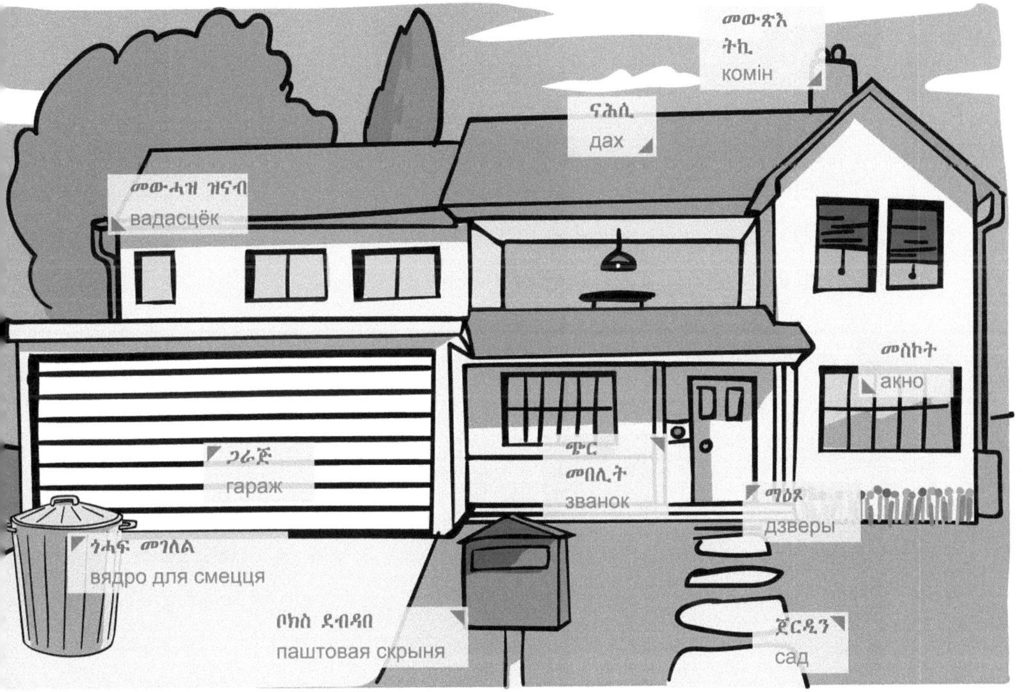

መውጽእ ትኪ
комін

ናሕሲ
дах

መውሓዝ ዝናብ
вадасцёк

መስኮት
акно

ጋራጅ
гараж

ጭር መበሊት
званок

ማዕጾ
дзверы

ጎሓፍ መግለሊ
вядро для смецця

ቦክስ ደብዳበ
паштовая скрыня

ጀርዲን
сад

ክፍሊ ምቅማጥ

жылы пакой

ክፍሊ ባንዮ

ванная

ክሽነ

кухня

ክፍሊ መደቀሲ

спальны пакой

ክፍሊ ቆልዑ

дзіцячы пакой

መመገቢ ክፍሊ

сталоўка

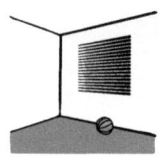

ባይታ
padlʌga

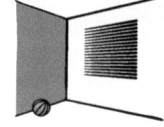

መንደቅ
сцяна

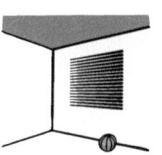

ከቦርታ
столь

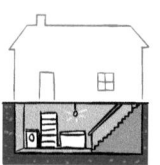

ካንቲና
падвал

ሳውና
саўна

ባልኮን
балкон

ዛላ
тэраса

መሕምበሲ
басейн

መቑረጺ ሳዕሪ
касілка

ኣንሶላ ዓራት
падкоўдранік

ከቦርታ ዓራት
коўдра

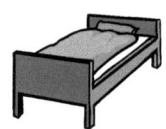

ዓራት
ложак

መኾስተር
венік

መገለል
вядро

መወልዒት
выключальнік

жылы пакой

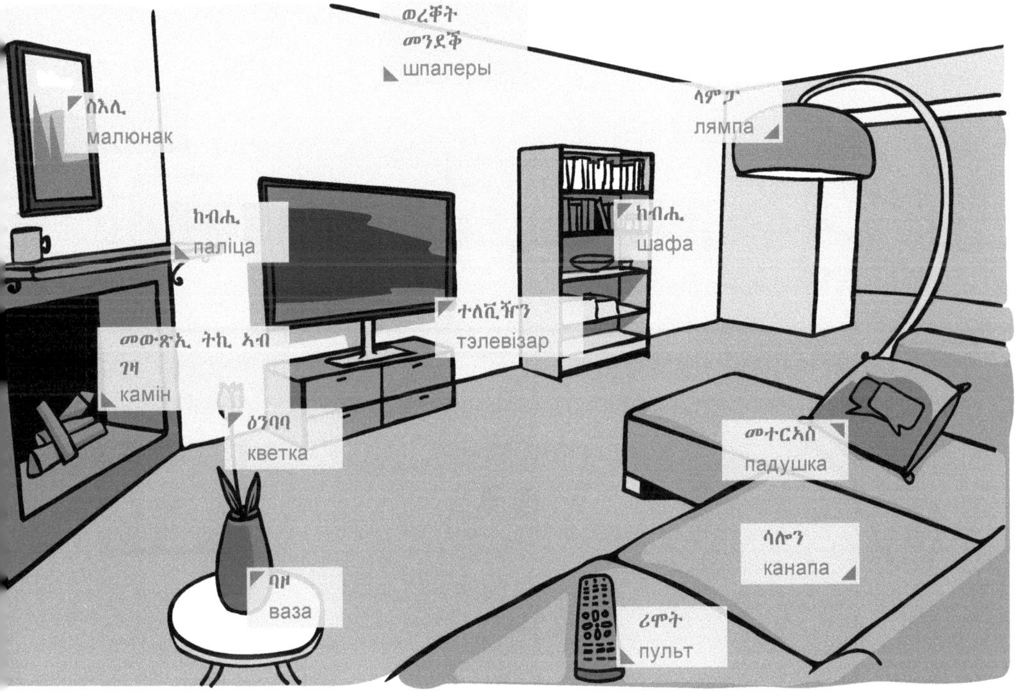
ወረቐት
መንደቕ
шпалеры
ስእሊ
малюнак
ላምፓ
лямпа
ከብሒ
паліца
ከብሒ
шафа
ተለቪዥን
тэлевізар
መውጽኢ ትኪ ኣብ
ገዛ
камін
ዕንባባ
кветка
መተርኣስ
падушка
ሳሎን
канапа
ባዞ
ваза
ሪሞት
пульт

መንጸፍ

дыван

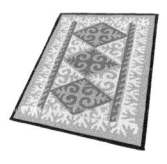

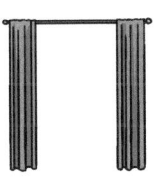

መጋረጃ

фіранка

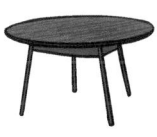

ጣውላ

стол

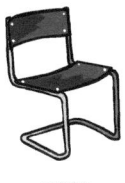

መንበር

крэсла

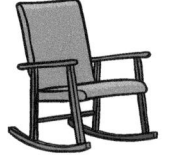

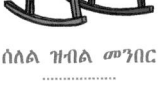

ሰለል ዝብል መንበር

крэсла-качалка

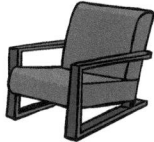

መንበር ምቹእ

крэсла

መጽሐፍ
кніга

ከቦርታ
коўдра

ስልማት
дэкарацыя

እንጨይቲ ሓዊ
дровы

ፊልም
кіно

ስተረዮ
стэрэасістэма

መፍትሕ
ключ

ጋዜጣ
газета

ቅብአ
карціна

ፖስተር
постар

ሬድዮ
радыё

ጥራዝ
нататнік

መልገሲ ደሮና
пыласос

በለስ
кактус

ሽምዓ
свечка

ክሽነ
кухня

መዝሓሊ
халадзільнік
ሚክሮቨላ
мікрахвалёвая печ
ሚዛን ክሽነ
кухонныя шалі
ቶስተር
тостар
መጽረዪ
мыйны сродак
እቶን
духоўка
መዝሓሊ በረድ
маразілка
ጎሓፍ መገለል
вядро для смецця
መጽረዪ ኣቕሑ መግቢ
посудамыйная
машына

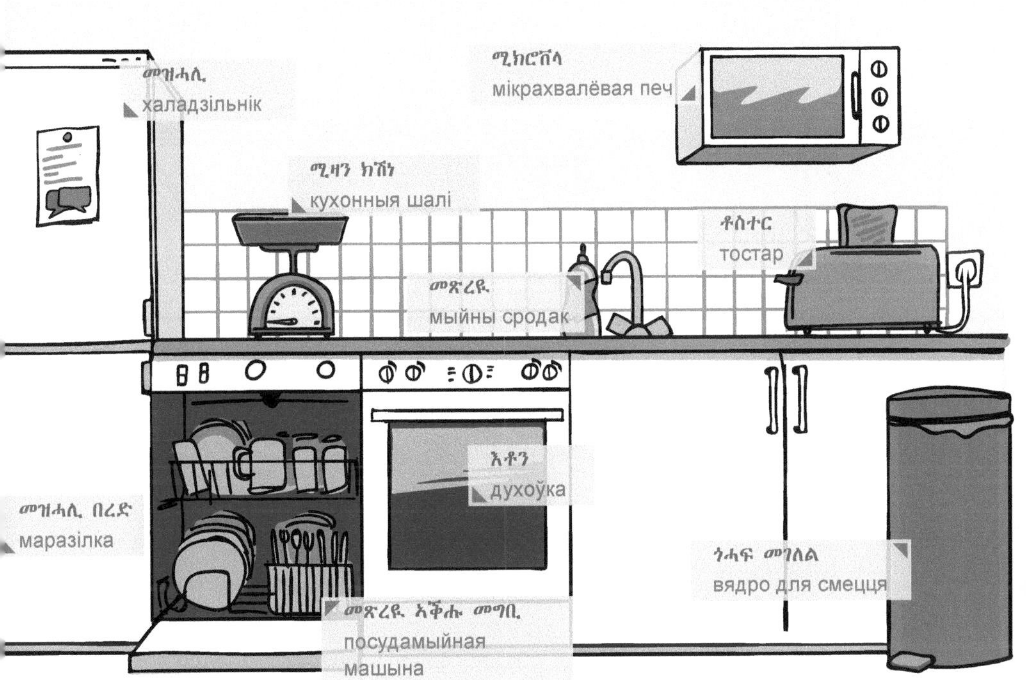

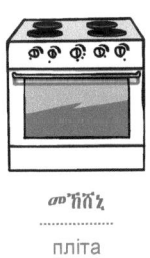

መኽሸኒ
....
пліта

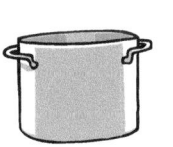

ድስቲ
....
рондаль

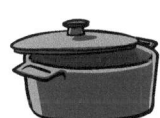

ድስቲ ሓጺን
....
чыгунок

ቮክ/ካዳይ
....
Вок / кадаі

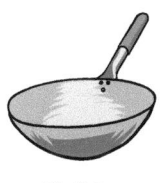

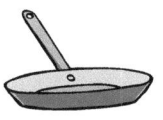

ባደላ
....
патэльня

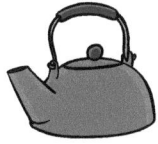

መውዓዪ ማይ
....
чайнік

መፍልሒ

параварка

ጎንቲራ ምስንካት

бляха

ኣቝሑ መግቢ

посуд

ብርጭቆ

кубак

ጭሓሎ

міска

ማንካቒና

палачкі для ежы

ማንካ መረቕ

чарпак

መገልበጢ ባደላ

лапатачка

መኹስተር ውርጪ

збівалка

መንፊት መግቢ

сіта для варэння

መንፊት

сіта

መፋሕፍሒ

тарка

ሞርታር

ступка

ባርቢክዩ

грыль

ስፍራ ሓዊ

вогнішча

እንጨይቲ ምምታር
....
дошка

እንጨይቲ ኩረር
....
качалка

መኽፈት ቡሽ
....
штопар

ታኒካ
....
бляшанка

መኽፈቲ ታኒካ
....
адкрывалка

ጨርቂ ድስቲ
....
прыхваткі

ቡዓባ
....
ракавіна

አስባስላ
....
шчотка

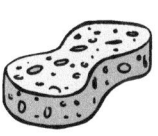

ሰፍነግ
....
губка

ሓዋሲ አደባላቒ
....
міксер

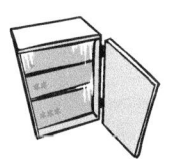

መዝሓሊ በረድ
....
маразільная камера

ጥርሙዝ ማማይ
....
бутэлечка

ቡዓባ ማይ
....
вадаправодны кран

ክፍሊ ባንዮ

ванная

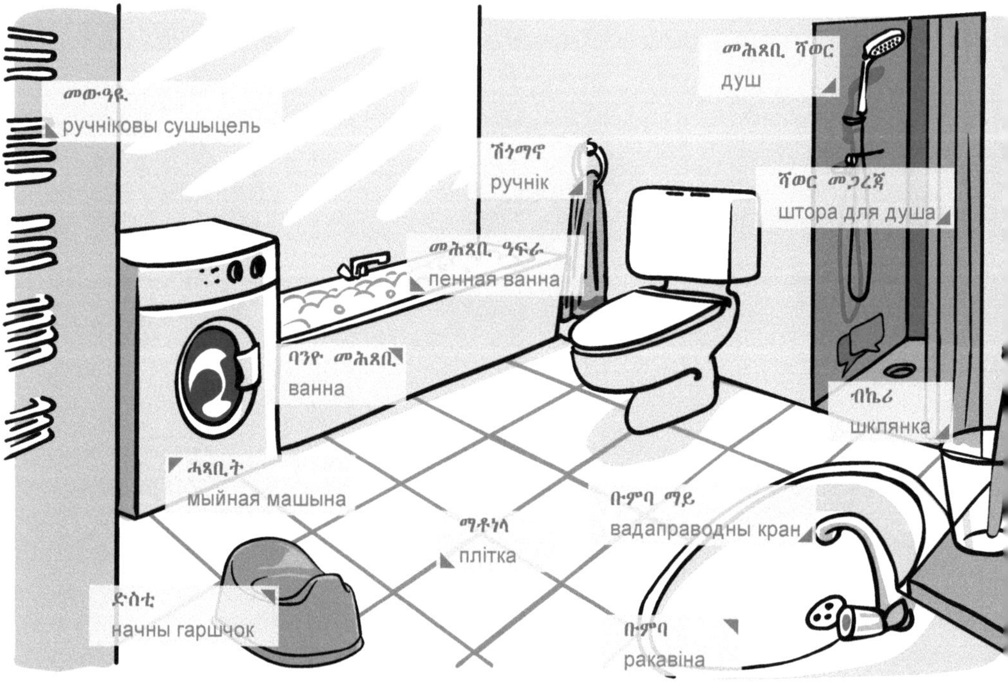

መውዓዪ
ручніковы сушыцель
ሽጎማኖ
ручнік
መሕጸቢ ሻወር
душ
ሻወር መጋረጃ
штора для душа
መሕጸቢ ዓፍራ
пенная ванна
ባንዮ መሕጸቢ
ванна
ብኬሪ
шклянка
ሓጸቢት
мыйная машына
ቡምባ ማይ
вадаправодны кран
ማቶኒላ
плітка
ድስቲ
начны гаршчок
ቡምባ
ракавіна

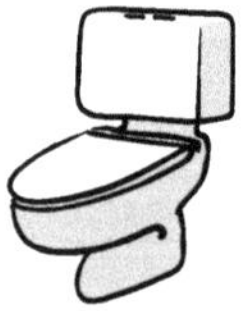

ሽቓቕ

туалет

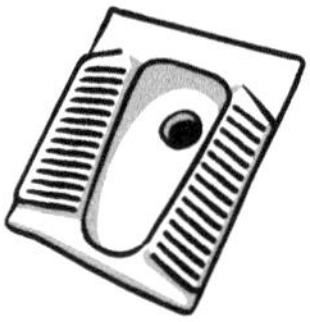

ሽቓቕ ኮፍ

падлогавы ўнітаз

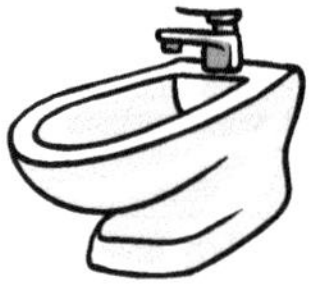

በዱ

бідэ

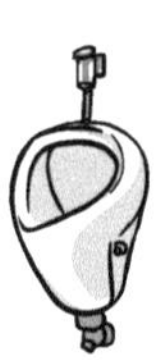

ሽቓቕ ተባዕታይ

пісуар

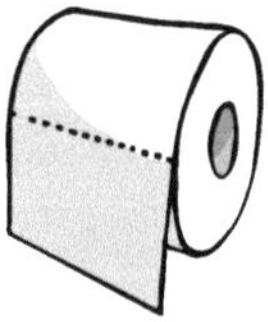

ወረቐት ሽቓቕ

туалетная папера

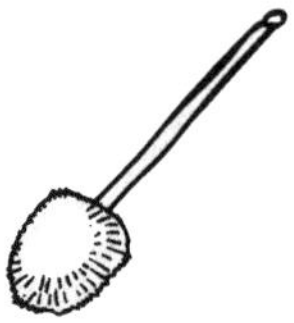

ኣስባስላ ሽቓቕ

шчотка для чысткі ўнітаза

አስባስላ ስኒ

зубная шчотка

ክረማ ስኒ

зубная паста

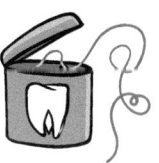

ሃሪ ስኒ

зубная нітка

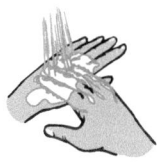

ሓጸብ

мыць

ዱሽ ኢ.ድ

ручны душ

ዱሽ

інтымны душ

ብርጭቆ ምሕጻብ

умывальнік

አስባስላ ሕቆ

шчотка для спіны

ሳምና

мыла

ሻወር ጀል

гель для душа

ሻምፑ

шампунь

ጨርቂ መሕጸቢ.

вяхотка

መውሓዚ

вадасцёк

ክረማ

крэм

ደዮ ጨና

дэзадарант

መስትያት

люстэрка

ናይ ኢድ መስትያት

касметычнае люстэрка

መላጸ

станок для галення

ዓፍራ ምልጸይ

пена для галення

ጨና ድሕሪ ምልጸይ

ласьён пасля галення

መመሽጥ

грэбень

ኣስባስላ

шчотка

መንቆጺ ጸግሪ

фен

ስፕረይ ጸግሪ

лак для валасоў

መመላኸዪ

касметыка

ብርዒ ቀለም ከንፈር

памада

ኣዝማልቶ

лак для пазногцяў

ጸምሪ ጡጥ

вата

መስደዲ ጽፍሪ

манікюрныя нажніцы

ጨና

духі

ሳንጣ መሕጸቢ.
....
касметычка

ድኳ
....
табурэтка

ሚዛን
....
вагі

ክዳን መሕጸቢ.
....
лазневы халат

ንንቲ መጸረዪ.
....
санітарныя пальчаткі

ታምፓን
....
тампон

ጨርቂ ሰበይቲ
....
гігіенічныя пракладкі

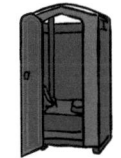

ሸቻጅ ከሚስትሪ
....
біятуалет

ክፍሊ ቆልዑ

дзіцячы пакой

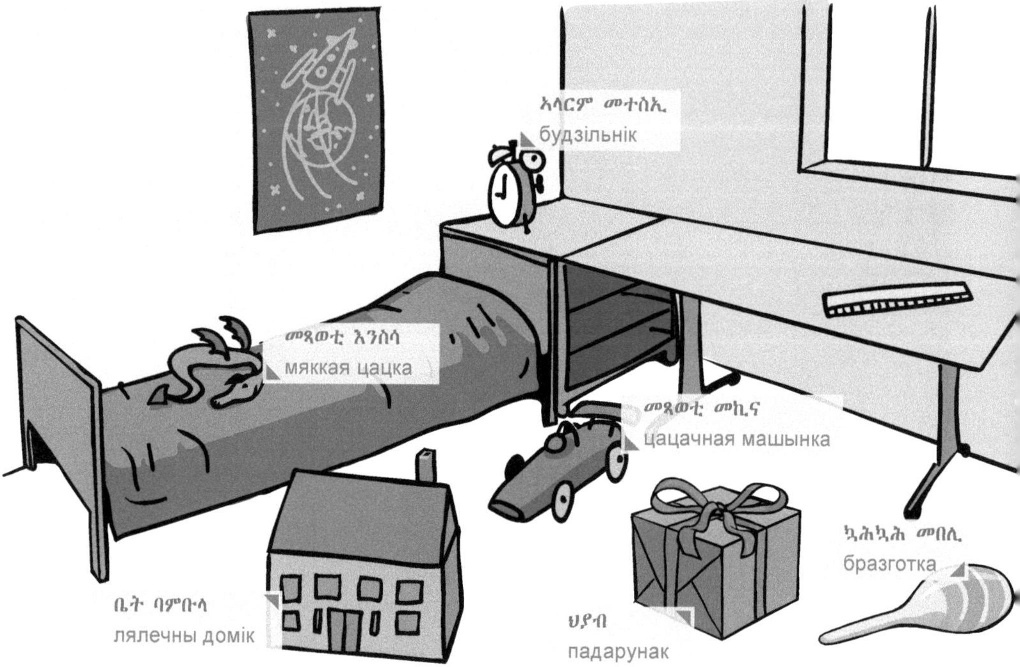

ኣላርም መተስኢ
будзільнік
መጻወቲ እንስሳ
мяккая цацка
መጻወቲ መኪና
цацачная машынка
ኳሕኳሕ መበሊ
бразготка
ቤት ባምቡላ
лялечны домік
ህያብ
падарунак

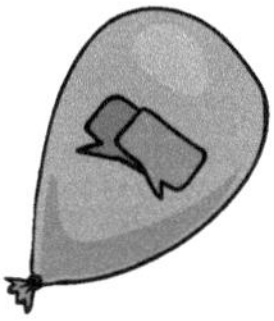

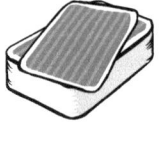

ባላንችና

надзіманы шарык

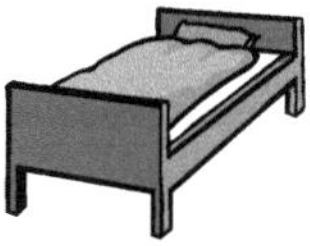

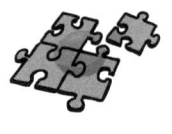

ዓራት

ложак

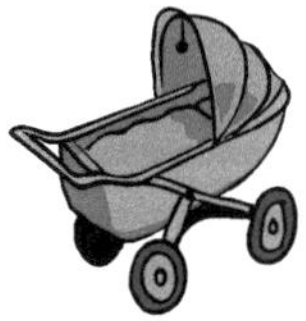

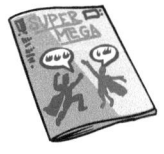

ሰረገላ ህጻን

дзіцячая каляска

ጸወታ ካርታ

калода картаў

ሕንቅሊተይ

пазл

SUPER
MEGA

ኮሜዲ

комікс

እምንታት መጸወቲ ለጎ

канструктар "Лега"

መጸወቲ እምንታት

канструктар

በዓል አክቾን

экшэн-фігурка

ክዳን ማማይ

дзіцячы гарнітур

ፍሪስቢ

фрызбі

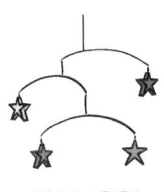

ሞባይል ማማይ

дзіцячы мабіль

ጸወታ ሰሌዳ

настольная гульня

ኩቦ

кубік

ሞደል ባቡር ምድሪ

дзіцячая чыгунка

ዓባስ

пустышка

ፓርቲ

дзіцячае свята

መጽሓፍ ስእሊ

кніга з малюнкамі

ኩዕሶ

мячык

ባምቡላ

лялька

ተጻወተ

гуляцца

መጻወቲ ሑጻ
пясочніца

ሰላል
арэлі

መጻወቲታት
цацкі

ኮንሶል ቪድዮ
гульнявая відэа прыстаўка

መጻወቲ ሰለስተ መንኮርኮር
трохколавы ровар

ተጻ
плюшавы мішка

ከብሒ ክዳን
шафа

ክዳን

адзенне

адзенне

ካልስታት
шкарпэткі

ነዊሕ ካልስታት
панчохі

ስረ ካልሲ
калготкі

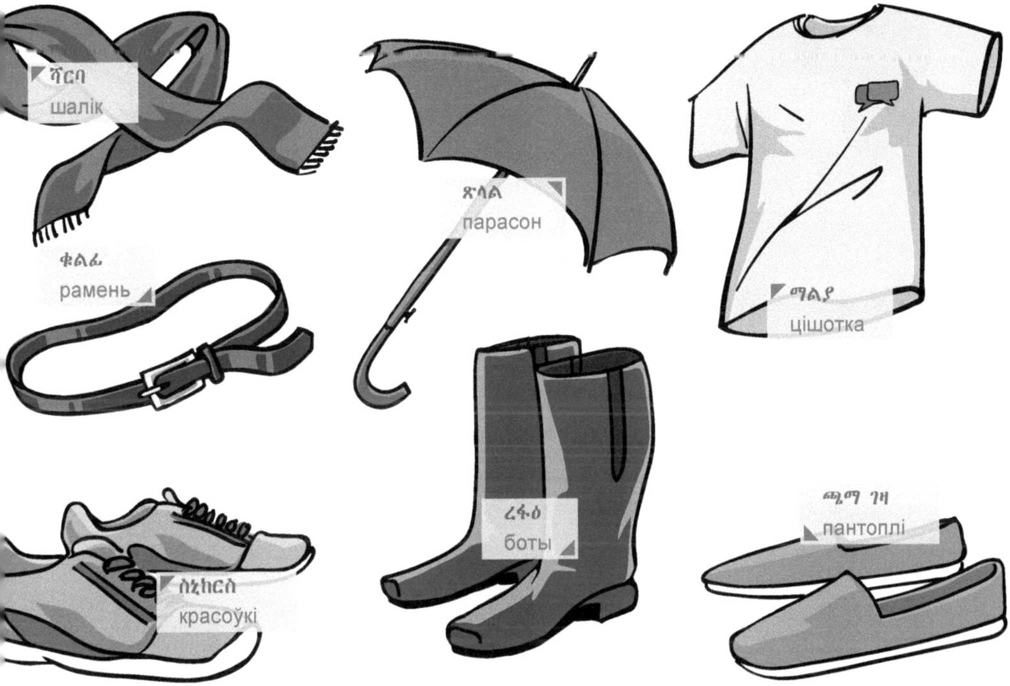
ሻርባ
шалік
ጽላል
парасон
ማልያ
цішотка
ቁልፊ
рамень
ረፋዕ
боты
ጫማ ገዛ
пантоплі
ስኒከርስ
красоўкі

ሸበጥ

сандалі

ጫማ

абутак

ረፋዕ ጎማ

гумовыя боты

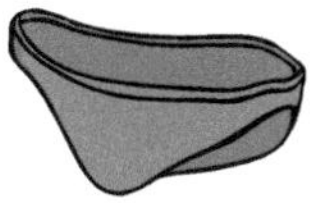

ሙታንታ

трусы

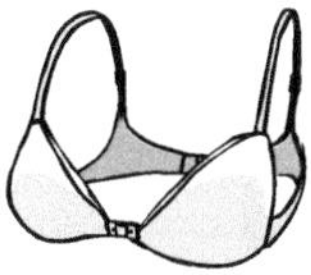

ክዳን ጡብ

бюстгальтар

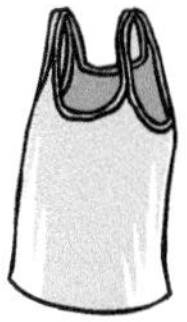

ትሕተ ካሚቻ

майка

ቦዲ

бодзі

ስረ

штаны

ጂንስ

джынсы

ቀምሽ

спадніца

ካምቻ

блузка

ካሚቻ

кашуля

ጉልፎ

джэмпер

ጎልፎ

талстоўка

ጃኬት

блэйзер

ጃከት

куртка

ጆባ

паліто

ከዳን ዝናብ

дажджавік

ኮስቱም

касцюм

ቀምሽ

сукенка

ቀምሽ መርዓ

вясельная сукенка

ልብሲ

касцюм

ካሚቻ ለይቲ

начная сарочка

ክዳን ለይቲ

піжама

ሳሪ

сары

መሃረብ ርእሲ

хустка

ቱርባን

цюрбан

ቡርካ

паранджа

ካፍታን

каптан

አባያ

Абая

ክዳን መሕምበሲ

купальнік

ስረ መሕምበሲ

плаўкі

ሓጺር ስረ

шорты

ክዳን ታዕሊም

спартыўны касцюм

በጃ ክዳን

фартух

ጓንቲ

пальчаткі

መልጎም
гузік

መነጽር
акуляры

በንናጅር
бранзалет

ማዕተብ
каралі

ቀለበት
кальцо

ኩትሻ
завушніца

ቆብዕ
кепка

መንበሪ ጃባ
вешалка

ባርኔጣ
капялюш

ካርራሻት
гальштук

ሻርኔጣ
маланка

ሀልሜት
шлем

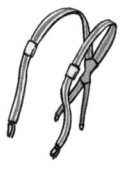

መድልደል ስረ
падцяжкі

ድቢዛ ቤትትምህርቲ
школьная форма

ድቢዛ
уніформа

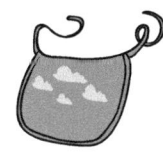

ሰደርያ ቆልዓ

нагруднік

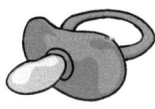

ዓባስ

пустышка

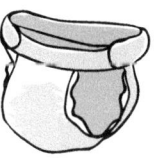

ጨርቂ ማማይ

падгузнік

ቤት ጽሕፈት

офіс

ሰርቨር
сервер
ከብሒ ሰነድ
канцылярская шафа
ፕሪንተር
прынтэр
ወረቐት
папера
ሞኒቶር
манітор
ኣንጭዋ
мыш
ጣውላ ምጽሓፍ
пісьмовы стол
ሓጃፊ
тэчка
ኪቦርድ
клавіятура
ጉሓፍ ወረቐት
смеццевы кошык
ኮምፒተር
кампутар
መንበር
крэсла

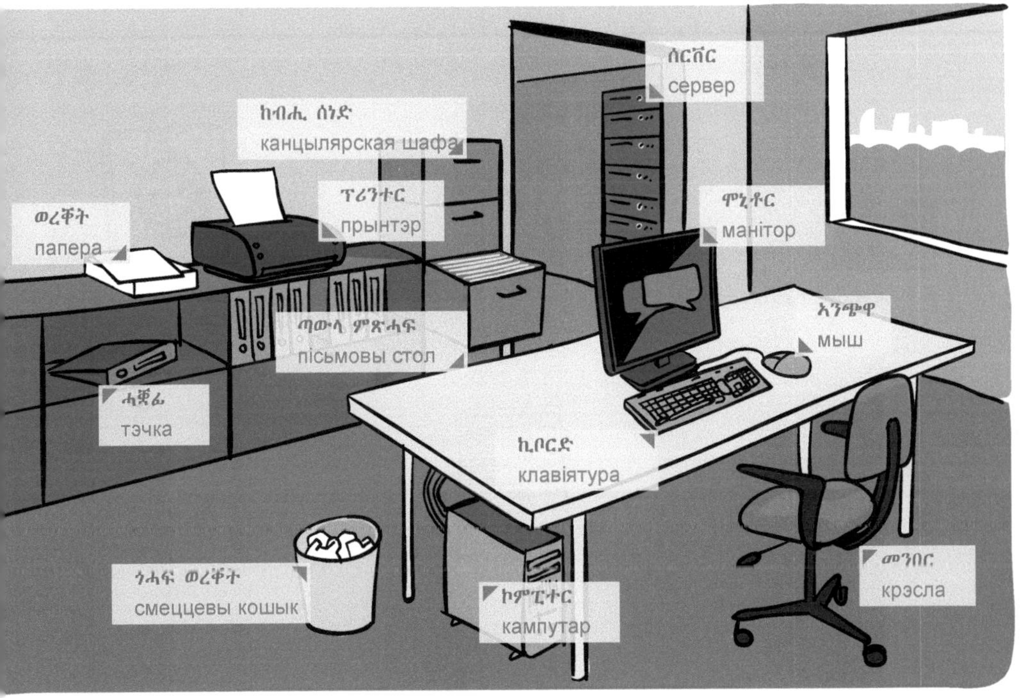

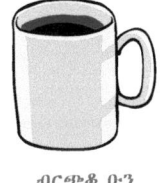

ብርጭቆ ቡን

бак для кавы (філіжанка)

ካልኩለተር

калькулятар

ኢንተርነት

інтэрнэт

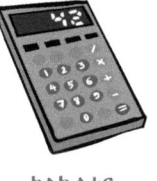

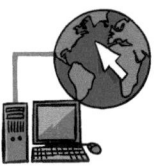

ላፕቶፕ
ноўтбук

ደብዳበ
ліст

መልእኽቲ
паведамленне

ሞባይል
мабільны тэлефон

ነትወርክ/መርበብ
сетка

መቅድሒ ፎቶኮፒ
ксеракс

ሶፍትዌር
праграмнае забеспячэнне

ተለፎን
тэлефон

ሶከት ኳረንቲ
разетка

ፋክስ
факс

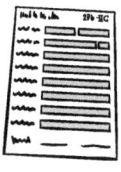

ፎርም
фармуляр

ሰነድ
дакумент

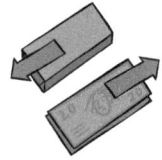

ገዝአ

купляць

ከፈለ

плаціць

ንግዲ

гандляваць

ገንዘብ

грошы

ዶላር

долар

ኦይሮ

еўра

የን

ена

ሩብል

рубель

ስዊዝ ፍራንክን

франк

ረንሚንቢ ዩዋን

кітайскі юань

ሩፒየ

рупія

መውጽኢ ማሺን ገንዘብ

банкамат

በታ ቅያር ገንዘብ

абменны пункт

ወርቂ

золата

ብሩር

срэбра

ዘይቲ

нафта

ሓይሊ

энергія

ዋጋ

цана

ውዕል

кантракт

ቀረጽ

падатак

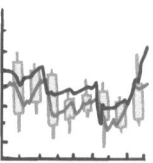

እኩብ ጥረ-ነገራት

акцыя

ሰርሓ

працаваць

ሰራሕተኛ

служачы

አስራሒ

працадаўца

ትካል

фабрыка

ዱኳን

крама

በዓል ፖሊስ
паліцыянт

መጠፊኢ ሓዊ
пажарны

ከሻኒ
кухар

ሓኪም
доктар

መራሒ ነፋሪት
пілот

ሰራሕተኛ ጀርዲን

садоўнік

ጸራቢ ዕንጸይቲ

слесар

ሰፋይት

швачка

ፈራዳይ

суддзя

ቀማሚ

хімік

ተዋሳኢ

артыст

መራሒ አዉቶቡስ

кіроўца аўтобуса

አውቲስታ ታክሲ

таксіст

ገፋሪ ዓሳ

рыбак

ጸራጊት

прыбіральшчыца

ሃናጻይ ናሕሲ

страхар

አሰላሪ

афіцыянт

ሃጻናይ

паляўнічы

ሰኣላይ

мастак

እንዳ ሕብስቲ

пекар

ኤለትሪከኛ

электрык

ሃናጺ አባይቲ

будаўнік

ሃንዳሲ

інжынер

ሰራሕተኛ እንዳ ስጋ

мяснік

ድራብሊኮ

сантэхнік

አማላሲ ፖስጣ

паштальён

ወተሃደር
....
салдат

መሃንድስ
....
архітэктар

ተሓዝ ገንዘብ
....
касір

ሰራሕተኛ ዕምባባ
....
фларыст

ቀምቃማይ
....
цырульнік

ፈተሪኖ
....
кандуктар

መካኒክ
....
механік

መራሒ መርከብ
....
капітан

ሓኪም ስኒ
....
стаматолаг

ተመራማሪ
....
вучоны

ራቢ
....
рабін

ኢማም
....
імам

ፈላሲ
....
манах

ቀሺ
....
святар

ሞያታት - prafesii

ናውቲ

інструменты

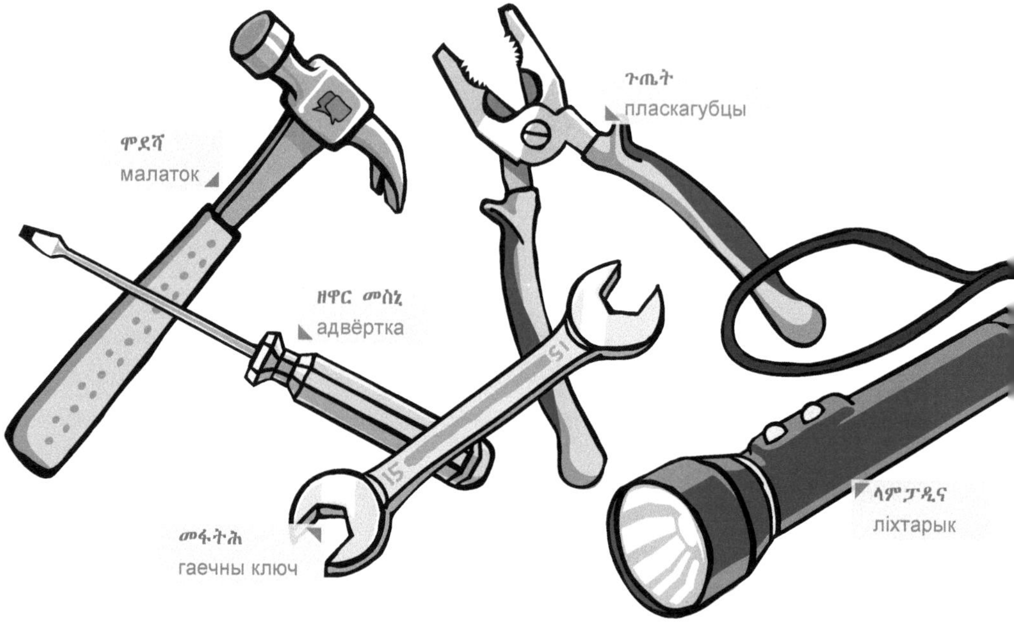

ጉጤት
пласкагубцы
ሞደሻ
малаток
ዘዋር መስኒ
адвёртка
መፍትሕ
гаечны ключ
ላምፓዲና
ліхтарык

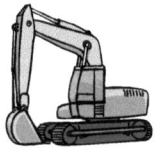

ፈሓሪ
....
экскаватар

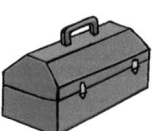

ናውቲ ቦክስ
....
скрыня для інструментаў

መደያይቦ
....
дравіны

መጋዝ
....
піла

መስማር
....
цвікі

ኰዓቲ
....
дрыль

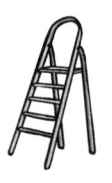

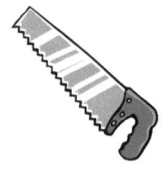

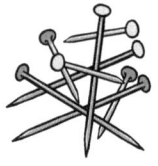

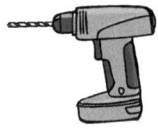

ምዕራይ
рамантаваць

ባደላ
рыдлеўка

ኣይ!
Халера!

መትሓዚ ዶሮና
шуфлік для смецця

ድስቲ ቀለም
вядро з фарбаю

ካቻቢተ
балты

መሳርሒ ሙዚቃ
музычныя інструменты

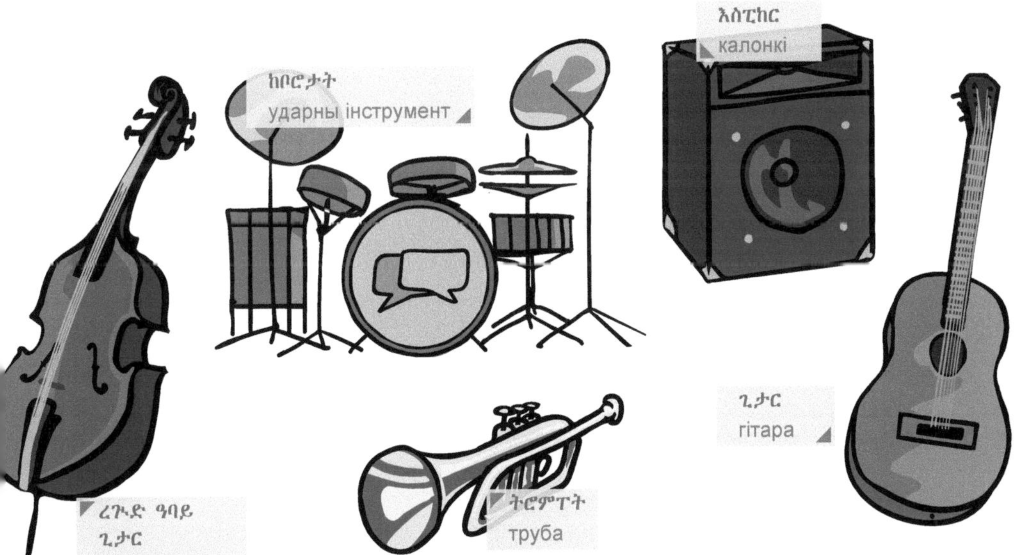

ከበሮታት
ударны інструмент

እስፒከር
калонкі

ጊታር
гітара

ረጒድ ዓባይ ጊታር
кантрабас

ትሮምፐት
труба

ፒያኖ

піяніна

ቫዮሊን

скрыпка

ባስ ጊታር

басгітара

ቲምኒ

літаўры

ከበሮ

барабан

ኦርጋን

клавішны электрамузычны інструмент

ሳክሶፎን

саксафон

ሻምቡቆ

флейта

ሚክሮፎን

мікрафон

ነብር
тыгр

መእተዊ
уваход

ጎብያ
клетка

አድጊ በረኻ
зебра

መግቢ እንስሳ
корм для жывёл

ፓንዳ
панда

እንስሳታት

жывёлы

ሓርማዝ

слон

ካንጋሩ

кенгуру

ሓሪሽ

насарог

ጉሪላ

гарыла

ድቢ

мядзведзь

ግመል
....
вярблюд

ሰገን
....
стравус

አንበሳ
....
леў

ህበይ
....
малпа

ፍላሚንጎ
....
фламінга

ሕንጻይ
....
папугай

ድቢ በረድ
....
белы мядзведзь

ፐንጉን
....
пінгвін

ክልቢ ዓሳ
....
акула

ጣውስ
....
паўлін

ተመን
....
змяя

ሓርገጽ
....
кракадзіл

ሓላዊ ቤት ገርድሽ
....
наглядчык заапарка

ዓሳ ዚምገብ እንስሳ ባሕሪ
....
цюлень

ጃጓር
....
ягуар

ሓጺር ፈረስ
поні

ነብሪ
леапард

ጉማረ
бегемот

ጂራፍ
жыраф

ሊላ
арол

መፍለስ
дзік

ዓሳ
рыбак

ጎብየ
чарапаха

ዋልሩስ
морж

ወኽርያ
ліса

ሰስሓ
газель

ናይ ኣሜሪካ ኩዕሶ እግሪ
амерыканскі футбол

ምዘዋር ብሽግለታ
веласпорт

ተኒስ
тэніс

ባስከትባል
баскетбол

ምሕምባስ
плаванне

ሖኪ በረድ
хакей з шайбай

ቦክሲንግ
бокс

ኩዕሶ እግሪ
футбол

ባድሚንተን
бадмінтон

እስፖርታዊ ንጥፈታት
лёгкая атлетыка

ኩዕሶ ኢድ
гандбол

ስኪ
горныя лыжы

ፖሎ
пола

ነጠረ
скакаць

ሰሐቐ
смяяцца

ሐቘፈ
абдымаць

ከደ
ісці

ደረፈ
спяваць

ጸለየ
маліцца

ሐለመ
марыць

ሰዓመ
цалаваць

ጸሐፈ
пісаць

ሰኣለ
маляваць

ኣርኣየ
паказваць

ደፍአ
націснуць

ሃበ
даваць

ወሰደ
браць

አለው

маць

ገበረ

выконваць

ኮነ

быць

ጠጠው በለ

стаяць

ጎየየ

бегчы

ሰሓበ

цягнуць

ሰንደወ

кідаць

ወደቐ

падаць

ሓሰወ

ляжаць

ተጸበየ

чакаць

ሰከም

насіць

ኮፍ በለ

сядзець

ተኸድነ

апранацца

ደቀሰ

спаць

ተስአ

прачынацца

ረኣየ
....
глядзець

በኸየ
....
плакаць

ብኣጻብዑ ደረዘ
....
лашчыць

መሽጠ
....
прычэсвацца

ተዛረበ
....
гаварыць

ተረድአ
....
разумець

ሓተተ
....
пытаць

ሰምዐ
....
чуць

ሰተየ
....
піць

በልዐ
....
есці

አቐመጠ
....
прыбіраць

አፍቀረ
....
кахаць

ከሽነ
....
гатаваць

ዘወረ
....
ехаць

ነፈረ
....
лятаць

ብመርከብ ገዓሽ

плаваць пад ветразем

ደመረ

лічыць

አንበበ

чытаць

ተመሃረ

вучыць

ሰርሓ

працаваць

መርዓወ

уступаць у шлюб

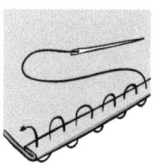

ሰፈየ

шыць

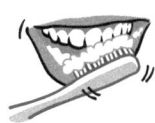

ጽሬት አስናን

чысціць зубы

ቀተለ

забіваць

ሽጋራ ተከሽ

курыць

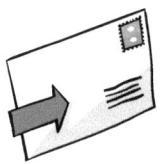

ሰደደ

пасылаць

ስድራቤት

сям'я

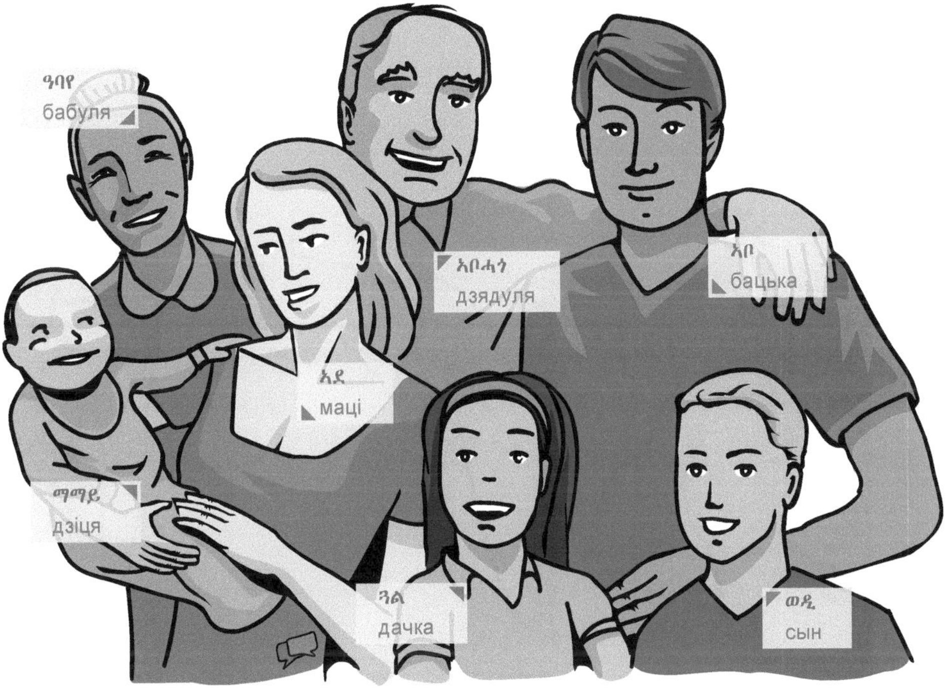
ዓባየ
бабуля
ኣቦሓጎ
дзядуля
ኣቦ
бацька
ኣደ
маці
ማማይ
дзіця
ጓል
дачка
ወዲ
сын

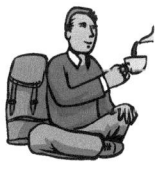

ጋሻ

госць

ሓትኖ

цётка

ኣኮ

дзядзька

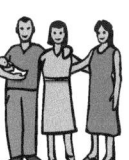

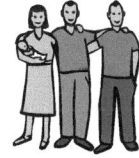

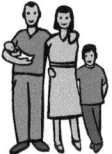

ሓው

брат

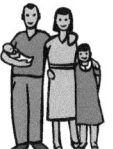

ሓፍቲ

сястра

ኣካላት

цела

ግንባር
лоб
ዓይኒ
вока
መንኩብ
плячо
ኣጻብዕ
палец
ገጽ
твар
መንከስ
падбародак
ኢድ
рука
ኣፍ-ልቢ
грудзі
ሽፋን እግሪ
нага
ምናት
рука

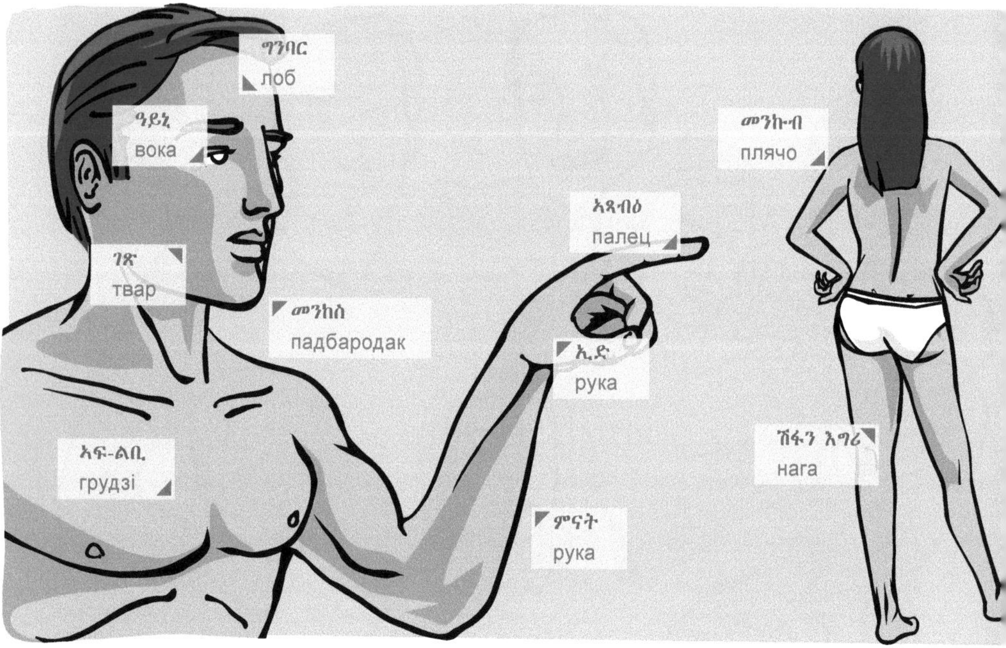

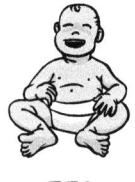

ማማይ

дзіця

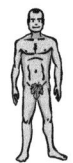

ሰብኣይ

мужчына

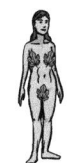

ሰበይቲ

жанчына

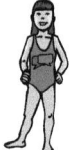

ጓል

дзяўчынка

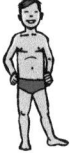

ወዲ

хлопчык

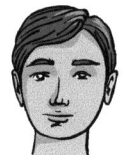

ርእሲ

галава

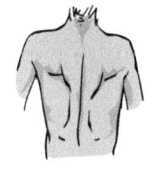

ሕቖ

спіна

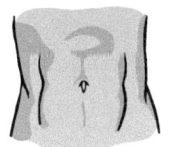

ከስዐ

жывот

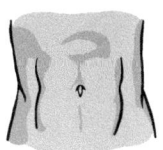

ሕምብርቲ

пуп

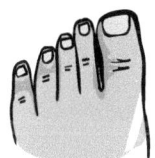

ኣጻብዕ እግሪ

палец нагі

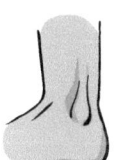

ኩርኩሬ

пятка

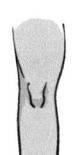

ዓጽሚ

костка

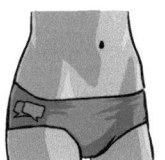

ምሕኩልቲ

бядро

ብርኪ

калена

ፍግፍጎ

локаць

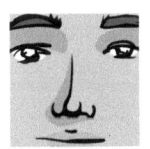

ኣፍንጫ

нос

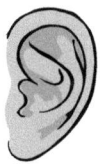

መዓኮር

ягадзіца

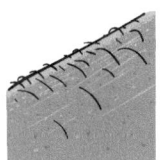

ቆርበት

скура

ምዕጉርቲ

шчака

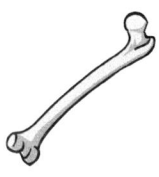

እዝኒ

вуха

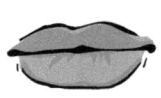

ከንፈር

губа

አፍ

рот

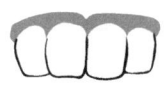

ስኒ

зуб

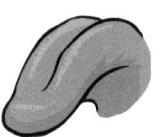

መልሓስ

язык

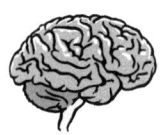

ሓንጎል

галаўны мозг

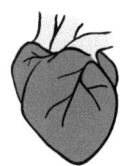

ልቢ

сэрца

ጭዋዳ

мышца

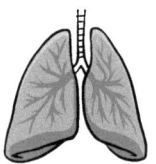

ሳንቡእ

лёгкае

ጸላም ከብዲ

пячонка

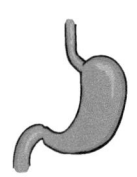

ከብዲ

страўнік

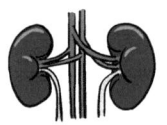

ኮሊት

ныркі

ግብረ ስጋ

сэкс

ኮንዶም

прэзерватыў

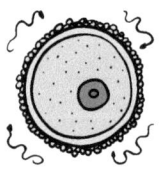

እንቋቁሖ

яйцаклетка

ዘርኢ ተባዕታይ

сперма

ጥንሲ

цяжарнасць

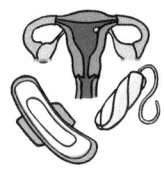

ጽግያት
....
менструацыя

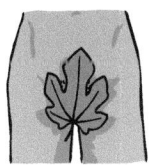

ርሕሚ
....
похва

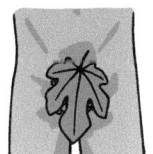

መትሎ
....
пеніс

ሽፋሽፍቲ
....
брыво

ጸግሪ
....
валасы

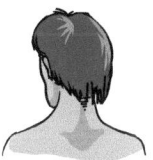

ክሳድ
....
шыя

አካላት - цела

71

ሆስፒታል
шпіталь

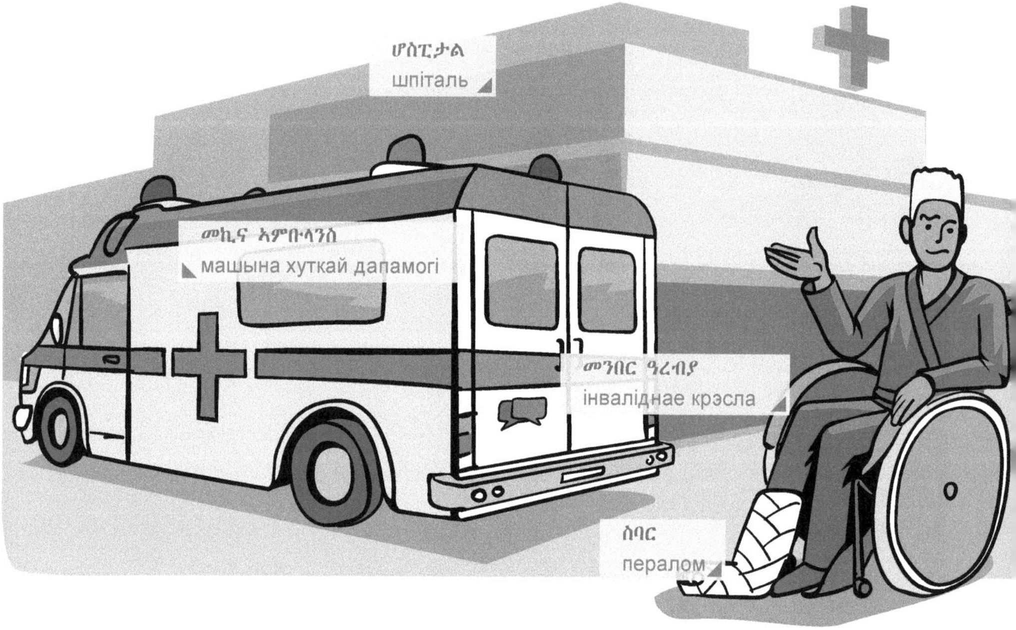

ሆስፒታል
шпіталь
መኪና ኣምቡላንስ
машына хуткай дапамогі
መንበር ዓረብያ
інваліднае крэсла
ስባር
пералом

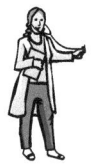

ሓኪም
доктар

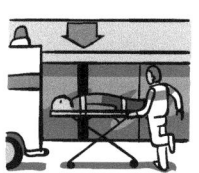

ክፍሊ ህጹጽ ረድኤት
аддзяленне першай дапамогі

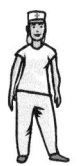

ኣላይት
медсястра

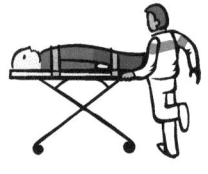

ህጹጽ ኩነት
экстраная дапамога

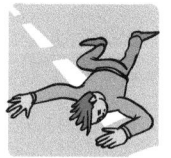

ውነኡ ዘጥፍአ
непрытомны

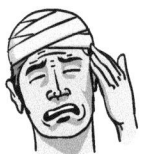

ቃንዛ
боль

ጉድኣት
траўма

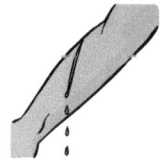

ደም
крывацёк

ማህረምቲ
інфаркт

ማህረምቲ
апаплексія

ኣለርጂ
алергія

ሰዓል
кашаль

ረስኒ
гарачка

ኡንፍልወንዛ
грып

ውጽኣት
панос

ቃንዛ ርእሲ
галаўны боль

መንሽሮ
рак

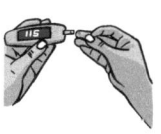

ሹኮርያ
дыябет

ሓኪም መጥባሕቲ
хірург

መጥብሒ
скальпель

መጥባሕቲ
аперацыя

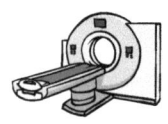

CT
КТ

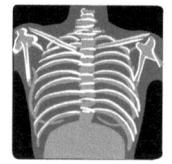

ራጂ
рэнтген

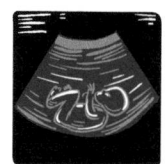

ልዕለ ድምጻዊ
ультрагук

መሸፈኒ ገጽ
маска

ሕማም
хвароба

ክፍሊ ምጽባይ
пачакальня

ምርኩስ
мыліца

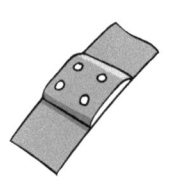

መጅነኒ ቅልሊ
пластыр

መጅነኒ
бінт

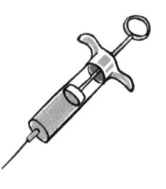

መርፍዕ ምውጋእ
ін'екцыя

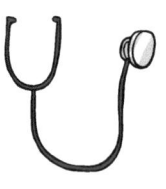

ስተቶስኮፕ
стэтаскоп

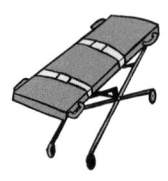

መሰከሚ ሕማም
насілкі

ቴርሞመተር
градуснік

ትውልዲ
нараджэнне

ልዕለ-ሚዛን
лішняя вага

ሓገዝ ምስማዕ
....
слухавы апарат

ኣንጻሂ
....
дэзінфекцыйны сродак

ልበዳ
....
інфекцыя

ቫይረስ
....
вірус

ኤድስ
....
ВІЧ/СНІД

ሕክምና
....
лекі

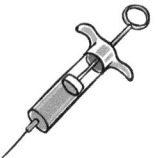

ክታበ
....
прышчэпка

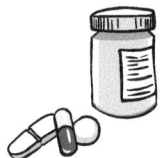

ክኒና
....
таблеткі

ክኒና
....
супрацьзачаткавая
таблетка

ህጹጽ ምድዋል
....
экстраны выклік

መዐቀኒ ጸቕጢ ደም
....
танометр

ሕሙም / ጥዑይ
....
хворы / здаровы

экстраная дапамога

ሓገዝ

Ратуйце!

ኣላርም

сігналізацыя

ምህጃም

напад

መጥቃዕቲ

атака

ድንገት

небяспека

ህጹጹ መውጽኢ

аварыйны выхад

ሓዊ!

Пажар!

መጥፍኢ ሓዊ

вогнетушыцель

ሓደጋ

аварыя

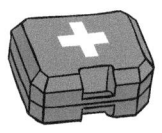

ሳንጣ ቀዳማይ ረድኤት

аптэчка

SOS

СОС

ፖሊስ

паліцыя

ኤውሮጳ

Eўропа

ሰሜን አመሪካ

Паўночная Амерыка

ደቡብ አመሪካ

Паўднёвая Амерыка

አፍሪቃ

Афрыка

ኤስያ

Азія

አውስትራልያ

Аўстралія

አትላንቲክ

Атлантычны акіян

ፓሲፊክ

Ціхі акіян

ህንዳዊ ዉቅያኖስ

Індыйскі акіян

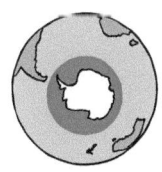

አንታርቲካዊ ዉቅያኖስ

аўднёвы ледавіты акіян

አርክቲካዊ ዉቅያኖስ

Паўночны ледавіты акіян

ሰሜናዊ ዋልታ

Паўночны полюс

ደቡባዊ ዋልታ

Паўднёвы полюс

አንታርቲካ

Антарктыда

ምድሪ

Зямля

መሬት

краіна

ባሕሪ

мора

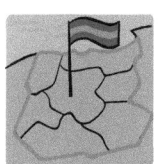

ደሴት

востраў

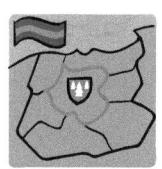

ሃገር

нацыя

ዓዲ

дзяржава

ገጽ ሰዓት

цыферблат

አመልካቺ ሰዓታት

гадзінная стрэлка

አመልካቺ ደቃይቛ

хвілінная стрэлка

አመልካቺ ካልኢት

секундная стрэлка

ሰዓት ክንደይ አሎ?

Колькі часу?

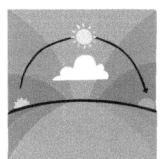

መዓልቺ

дзень

ግዜ

час

ሕጇ

зараз

ዲጊታል ሰዓት

электронны гадзіннік

ደቛቛ

хвіліна

ሰዓት

гадзіна

тыдзень

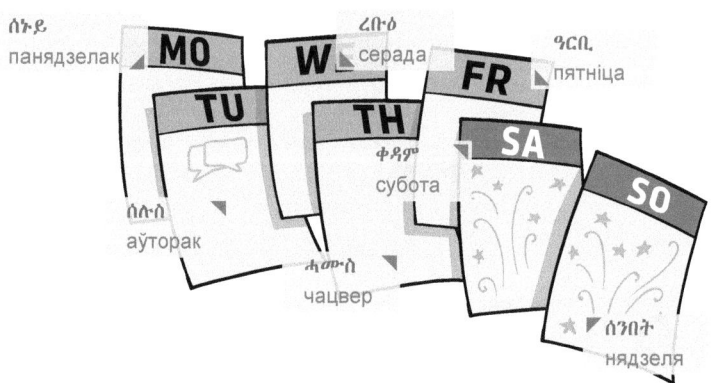

ሰኑይ
панядзелак

ሰሉስ
аўторак

ረቡዕ
серада

ሓሙስ
чацвер

ዓርቢ
пятніца

ቀዳም
субота

ሰንበት
нядзеля

ትማሊ
ўчора

ሎሚ
сёння

ጽባሕ
заўтра

ንጎሆ
раніца

ቀትሪ
абед

ምሸት
вечар

MO	TU	WE	TH	FR	SA	SU
1	2	3	4	5	6	7
8	9	10	11	12	13	14
15	16	17	18	19	20	21
22	23	24	25	26	27	28
29	30	31	1	2	3	4

መዓልታት ስራሕ
працоўныя дні

MO	TU	WE	TH	FR	SA	SU
1	2	3	4	5	6	7
8	9	10	11	12	13	14
15	16	17	18	19	20	21
22	23	24	25	26	27	28
29	30	31	1	2	3	4

መወዳእታ ሰሙን
выхадныя

ዓመት

ГОД

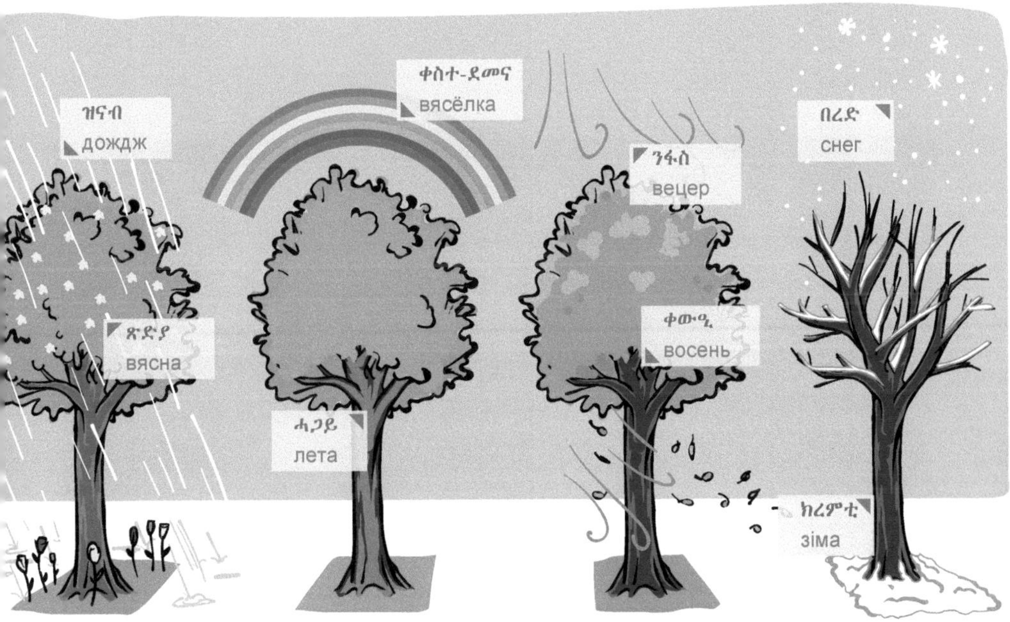
ዝናብ
дождж
ቀስተ-ደመና
вясёлка
ንፋስ
вецер
በረድ
снег
ጽድያ
вясна
ሓጋይ
лета
ቀውዒ
восень
ክረምቲ
зіма

4.APRIL 11°
5.APRIL 4°
6.APRIL 13°
7.APRIL 8°
8.APRIL 10°

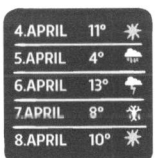

ትንቢት ኩነታት ኣየር

прагноз надвор'я

F C
120 40
90 30
60 20
30 10
0 0
-30 -10
-20

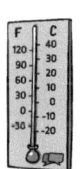

ቴርሞመተር

градуснік

ብርሃን ጸሓይ

сонечнае святло

ደበና

воблака

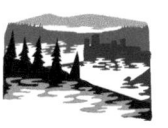

ግመ

туман

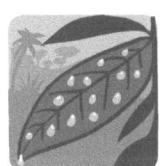

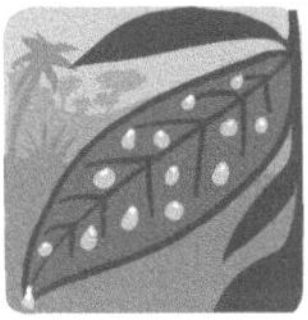

ጠሊ

вільготнасць паветра

ብርቂ

маланка

ነጕዳ

гром

ህቦብላ

бура

በረድ

град

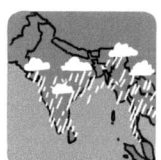

ብርቱዕ ህቦብላ

мусонны вецер

ውሕጅ

прыліў

በረድ

лёд

ጥሪ

студзень

ለካቲት

люты

መጋቢት

сакавік

ሚያዝያ

красавік

ጉንበት

май

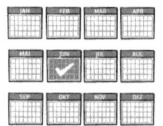

ሰነ

чэрвень

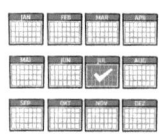

ሓምለ

ліпень

ነሓሰ

жнівень

ዓመት - год

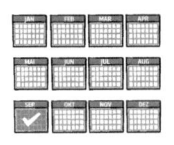

መስከረም
....
верасень

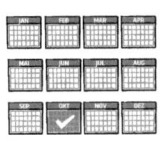

ጥቅምቲ
....
кастрычнік

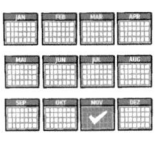

ሕዳር
....
лістапад

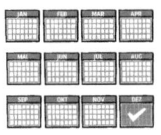

ታሕሳስ
....
снежань

ዙርያ
....
круг

ትርብዒት
....
квадрат

ቅኑዕ ርቡዕ ኮርናዕ
....
прамавугольнік

ስሉስ ኩርናዕ
....
трохвугольнік

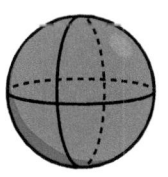

ክቢ
....
шар

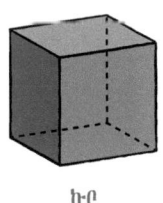

ኩቦ
....
куб

ጸዕዳ
....
белы

ብጫ
....
жоўты

ኣራንሺ
....
аранжавы

ፒንክ
....
ружовы

ቀይሕ
....
чырвоны

ጃኸ
....
фіялетавы

ሰማያዊ
....
сіні

ቀጠልያ
....
зялёны

ቡናዊ
....
карычневы

ሓሙኽሽታይ
....
шэры

ጸሊም
....
чорны

ብዙሕ / ውሑድ

шмат / мала

ሕሩቕ / ሰላማዊ

злы / добры

ጽቡቕ / ክፉእ

прыгожы / брыдкі

መጀመርያ / መወዳእታ

пачатак / канец

ዓቢ / ንእሽቶ

высокі / малы

ብሩህ / ጸልማት

светлы / цёмны

ሓው / ሓፍት

сястра / брат

ጽሩይ / ርሳሕ

чысты / брудны

ምሉእ / ዘይምሉእ

поўны / няпоўны

መዓልቲ / ለይቲ

дзень / ноч

ሙዉት / ህልው

мёртвы / жывы

ሰፊሕ / ጸቢብ

шырокі / вузкі

ደስ ዘበል / ደስ ዘይብል

ядомы / неядомы

እኩይ / ህያዋይ

злы / добры

ርቡጽ / ስልኩይ

узбуджаны / нудны

ረጊድ / ቀጢን

тоўсты / тонкі

ቀዳማይ / ናይ መወዳእታ

першы / апошні

ዓርኪ / ጸላኢ

сябар / вораг

ምሉእ / ባዶ

поўны / пусты

ተሪር / ልስሉስ

цвёрды / мяккі

ከቢድ / ፈኩስ

важкі / лёгкі

ጥሙየት / ጽምየት

голад / смага

ሕሙም / ጥዑይ

хворы / здаровы

ዘይሕጋዊ / ሕጋዊ

нелегальны / легальны

መስተውዓሊ / ስዲ

разумны / дурны

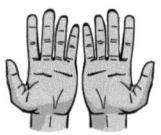

ጸጋም / የማን

левы / правы

ቐረባ / ርሑቕ

побач / далёка

ሓዲሽ / ብሉይ
....
вы / былы ва ўжыванні

ዋላ ሓደ / ገለ
....
нічога / нешта

ዓቢ./ኣረጊት / መንእሰይ
....
стары / малады

ወልዕ / ኣጥፍእ
....
укл / выкл

ክፉት / ዕጹ.ው
....
адчынены / зачынены

ህዱእ / ዓው
....
ціхі / гучны

ሃብታም / ድኻ
....
багаты / бедны

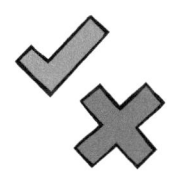

ቅኑዕ / ግጉይ
....
правільна / няправільна

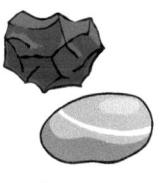

ሓርፋፍ / ልሙጽ
....
шурпаты / гладкі

ጉሁይ / ሕጉስ
....
сумны / шчаслівы

ሓጺር / ነዊሕ
....
кароткі / доўгі

ቀስ / ቅልጡፍ
....
павольны / хуткі

ጥሉል / ንቑጽ
....
вільготны / сухі

ምዉቕ / ዝሑል
....
цёплы / халаднаваты

ውግእ / ሰላም
....
вайна / мір

0

ዜሮ

нуль

1

ሓደ

адзін

2

ክልተ

два

3

ሰለስተ

тры

4

ኣርባዕተ

чатыры

5

ሓሙሽተ

пяць

6

ሽዱሽተ

шэсць

7

ሽውዓተ

сем

8

ሽሞንተ

восем

9

ትሽዓተ

дзевяць

10

ዓሰርተ

дзесяць

11

ዓሰርተ ሓደ

адзінаццаць

12

ዓሰርተ ክልተ
dvanaccać

13

ዓሰርተ ሰለስተ
trynaccać

14

ዓሰርተ አርባዕተ
čatyrnaccać

15

ዓሰርተ ሓሙሽተ
pjatnaccać

16

ዓሰርተ ሽዱሽተ
šasnaccać

17

ዓሰርተ ሽውዓተ
sjamnaccać

18

ዓሰርተ ሽሞንተ
vasjamnaccać

19

ዓሰርተ ትሽዓተ
dzevjatnaccać

20

ዕስራ
dvaccać

100

ሚእቲ
sto

1.000

ሽሕ
tysjača

1.000.000

ሚልዮን
milʹën

እንግሊዝኛ

англійская

አመሪካዊ እንግሊዛዊ

англійская (Амерыка)

ቻይናዊ ማንዳሪን

кітайская мандарынская

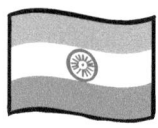

ሂንዳዊ

хіндзі

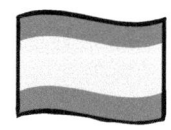

እስጳኛዊ

іспанская

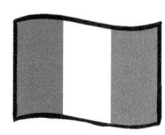

ፈረንሳዊ

французская

ዓረባዊ

арабская

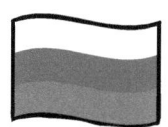

ሩሲያዊ

руская

ፖርቱጋላዊ

партугальская

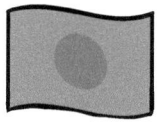

በንጋሊ

бенгальская

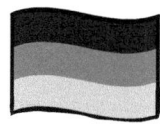

ጀርመናዊ

нямецкая

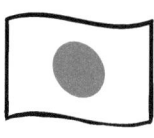

ጃፓናዊ

японская

አነ

я

ንስኻ/ኺ

ты

ንሱ / ንሳ / ንሱ

ён / яна / яно

ንሕና

мы

ንስኻ

вы

ንሳቶም

яны

መን?

хто?

እንታይ?

што?

ከመይ?

як?

አበይ?

дзе?

መዓስ?

калі?

ሽም

імя

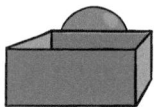

ድሕሪ
....
за

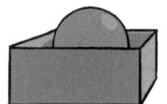

ኣብ
....
у

ኣብ ቅድሚ
....
перад

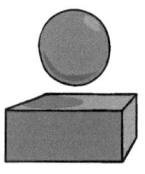

ኣብ ላዕሊ
....
над

ኣብ ልዕሊ
....
на

ትሕቲ ምድሪ
....
пад

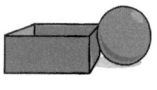

ኣብ ጥቓ
....
каля

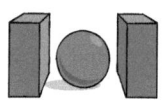

ኣብ መንጎ
....
паміж

በታ
....
месца